Un año en la vida de la antigua Grecia

TIEMPO DE HISTORIA

Philip Matyszak

Un año en la vida de la antigua Grecia

La vida cotidiana y la preparación de los Juegos Olímpicos

Traducción castellana de
Ana Belén Barrio

CRÍTICA
BARCELONA

Primera edición: junio de 2024

Un año en la vida de la antigua Grecia
La vida cotidiana y la preparación de los Juegos Olímpicos
Philip Matyszak

Título original: *A Year in The Life of Ancient Greece. The Real Lives of The People Who Lived There*

Av. Diagonal, 662-664, 08034 Barcelona (España)
Crítica es un sello editorial de Editorial Planeta, S. A.

editorial@ed-critica.es
www.ed-critica.es

ISBN: 978-84-9199-659-0
Depósito legal: B. 5.085-2024
Impresión y encuadernación: Rotoprint
Printed in Spain - Impreso en España

PEFC Certificado
Este libro procede de bosques gestionados de forma sostenible
PEFC
PEFC/14-38-00305
www.pefc.es

Introducción

Estamos en el año 248 a. C., al comienzo de lo que los griegos conocen como el cuarto año de la 132.ª Olimpiada. En este momento, la península griega es tan solo una pequeña parte del mundo helenístico —esto es, de las regiones habitadas o colonizadas por grecoparlantes—, cuyo tamaño, que ya se había incrementado por la colonización, se hizo infinitamente mayor con Alejandro Magno, el líder macedonio que apenas un siglo atrás había conquistado Oriente, llegando incluso hasta la India.

Solo nos separan algo más de dos generaciones de la muerte de Alejandro, pero ahora los griegos se enfrentan a los ejércitos indios en las riberas del Indo y a los irregulares hispanos en las costas del Mediterráneo occidental, y viven a la sombra de las pirámides en Egipto y en la ciudad alejandrina de Iskandar, la actual Kandahar afgana. Se trata de un mundo inmenso y extraño repleto de peligros y oportunidades, pero en el que también hay que pagar impuestos y realizar las labores cotidianas. Poco a poco, lo exótico se convierte en rutinario.

Y aun así, no importa lo alejada que se encuentre su patria ancestral, la diáspora griega se empeña en seguir siendo griega: todos continúan adorando a los dioses de sus antepasados, haciendo ejercicio en los gimnasios y acudiendo, incluso desde los lugares más remotos, a participar en los ya antiguos rituales de los Juegos Olímpicos.

En el presente libro seguiremos a ocho griegos que pasaron por situaciones muy diversas y cuya existencia se vio de algún modo afectada por la 133.ª Olimpiada. Pese a que se trata de personajes ficticios, sus vidas son reales y han sido descritas con la ayuda de los modernos adelantos de la arqueología, que hoy en día ha dejado de ser una búsqueda de estatuas que colocar en los museos y se ha convertido en una ciencia que invierte mucho más tiempo en excavar estercoleros que palacios.

Cierto es que los palacios pueden aportar dorados tesoros, pero las recompensas que aguardan en los vertederos y muladares son mucho más valiosas: en ellos encontramos los restos de las personas reales de Grecia; no de los reyes y generales que pueblan las historias de Tucídides y Polibio, sino de los hombres y mujeres corrientes que pagaban tributo al rey y perdían la vida en sus ejércitos. Gracias a sus conocimientos sobre arquitectura antigua, los arqueólogos pueden realizar una reconstrucción bastante veraz del aspecto de un edificio partiendo exclusivamente del estudio de sus cimientos, y ahora contamos con suficientes datos sobre la vida de los griegos ordinarios para hacer lo mismo en las ciencias sociales y recrear la existencia de algunos habitantes de la antigua Grecia a partir de los restos del periodo.

Mi objetivo en este libro es reconstruir la vida cotidiana de esas personas corrientes y de su mundo en el año 248 a. C., un momento en el que los griegos de Egipto estaban erigiendo la gran biblioteca y el faro de Alejandría y en el que, en todas partes, la ciencia, la filosofía y la literatura guiaban a la civilización hacia el progreso. Pese a que, en términos históricos, la ocupación griega de Egipto, Siria y el Levante apenas duró un momento, a los helenos de la época ese inmenso mundo nuevo les parecía eterno e inmutable. Este libro recrea cómo habría sido vivir en él.

Nota sobre la cronología

Cuando Tucídides comenzó a escribir su epopeya sobre la *Historia de la guerra del Peloponeso*, enseguida se dio cuenta de que tenía un problema con el tiempo. No es que le faltara, ya que se encontraba en el exilio sin otra cosa que hacer, sino que no disponía de medios para describirlo.

En el Occidente actual se trata de algo muy sencillo: los años se cuentan a partir de una fecha exacta, que en un principio se creyó —erróneamente— que marcaba el nacimiento de Cristo. Todos los años empiezan el 1 de enero y, en todas las culturas occidentales, los meses tienen un número de días constante y los fines de semana llegan invariablemente el sexto día de la semana. Jueves, *Thursday*, *Donnerstag* y *giovedì* son el mismo día y tienen lugar al mismo tiempo en el mismo mes.

En la antigua Grecia, por el contrario, la situación no podría haber sido más dispar. En cada sitio los años se contaban a partir de una fecha diferente, ya fuera por la fundación de la ciudad, por un acontecimiento legendario o por el gobierno de algún personaje especialmente destacado. Además, los años recibían el nombre de un dirigente concreto, como un rey o un arconte, y en cada ciudad eran distintos. Y ni siquiera empezaban a la vez: en algunos Estados el año comenzaba con el equinoccio de otoño; en otros, seis meses después, en primavera, y algunos preferían aprovechar una festividad religiosa (aunque ninguno de ellos parece haber elegido la curiosa fecha de aproximadamente diez días después del solsticio de invierno... ¿Qué sentido tendría semejante cosa?).

Por otro lado, una vez que había comenzado el año —fuera cuando fuere—, los meses no solo eran igual de arbitrarios, sino que además podían variar: si los dirigentes de la ciudad consideraban que el calendario municipal tenía un mes demasiado apretado, podían ampliarlo unos diez días, que luego quitaban de otros meses para compensar. Y como ningún propietario en su sano juicio alquilaría un inmueble con estas condiciones, los alquileres solían pagarse en función de los meses lunares. Así, solo en Atenas, por ejemplo, había varios calendarios que rivalizaban entre sí, entre ellos el lunar, el religioso, el municipal y el solar.

Para dotar de sentido a todo esto y establecer las fechas que se utilizan en el presente libro, hemos adoptado la misma solución que los griegos. Imaginemos que un mercader de Corinto quiere comprarle seda a un tratante de Sardes, en Asia Menor; pues bien, con el fin de conciliar los distintos calendarios de quienes participan en el acuerdo, el mercader emplearía el primer ordenador analógico de la historia: el mecanismo de Anticitera.

Así, introduciría en el mecanismo la fase lunar, el momento en el que sale la luna y la ubicación de determinadas constelaciones, y esto le permitiría determinar la fecha exacta de Corinto independientemente del lugar del mundo conocido en el que se encontrara. A continuación, no tendría más que compararla con el calendario local de Sardes y adelantar los datos introducidos a una fecha corintia futura para determinar la fecha local de la entrega. Además, este mecanismo permitía establecer cuándo se iban a producir los eclipses y demás fenómenos que se esperaran, así como las fechas de algunos grandes acontecimientos deportivos como los Juegos Olímpicos y los Píticos.

Sabemos que los griegos empleaban este mecanismo porque en 1901 se recuperó uno de ellos de un pecio cercano a la isla de Anticitera, ubicada entre Grecia y Creta. El mecanismo fue diseñado para dotar de sentido a la anárquica cronología del periodo helenístico, por lo que parece lógico que en este libro empleemos el mismo sistema y resolvamos todas las fechas con arreglo al calendario corintio.

Según dicho calendario, nuestro año comienza con el equinoccio de otoño, al igual que sucedía en el pequeño estado peloponesio de la Élide, donde se celebraban los Juegos Olímpicos. En climas más septentrionales y más fríos, el otoño marcaba el final del año, pero en Grecia se trataba más bien del final del seco, caluroso e improductivo verano. Era el momento en que las primeras lluvias anunciaban un nuevo comienzo.

Prólogo

La lluvia cae a raudales del tejado del templo de Hera, en Elis, aunque la tormenta está comenzando a remitir y todos los que se han resguardado bajo el pórtico se disponen a seguir su camino. Un sirviente del templo observa su marcha algo apesadumbrado, consciente de que nunca sabrá si ha acertado con sus conjeturas sobre este pequeño grupo de extraños.

La mayoría se encuentran allí de visita, eso está bastante claro, pero acaban de terminar los Juegos Olímpicos y la ciudad rebosa de forasteros que han asistido al acontecimiento y están a punto de marcharse. El joven larguirucho que camina nervioso entre las columnas del pórtico tiene la complexión de un atleta, probablemente sea un velocista, y el hombre maduro que va con él es, casi con toda seguridad, su entrenador. Aunque esto era fácil de adivinar, como también lo es identificar al pequeño grupo familiar de la esquina: son de la Élide, los delata su atuendo y su acento; la muchacha se envuelve temblorosa en el manto de su marido, mientras una mujer, bajita y corpulenta, arma revuelo alrededor de la pareja mostrando lo que no podría ser otra cosa que preocupación maternal.

Lo que no está tan claro es quién es ese hombre fornido y algo calvo que, al llegar, se ha puesto a examinar todos los detalles de la fachada del templo y luego se ha pasado todo el rato mirando el edificio como si lo hubiera ofendido personalmente. Ni tampoco la muchacha de pelo castaño con un caballo tatuado en el cuello que atiende solícita a un hombre maduro y un tanto demacrado, pero muy bien vestido... Quizá sea una esclava, o puede que una amante, o tal vez una enfermera.

Y luego está ese señor tan digno con duro acento macedonio que, escapando de la lluvia, ha entrado en el pórtico con tres lacayos y un atleta detrás y le ha ordenado al sirviente del templo que le trajera una silla de forma tan imperiosa que daba la sensación de que el edificio fuera suyo (aunque el sirviente tiene bastante experiencia en el trato con importantes dignatarios y se ha apresurado a obedecer). Este señor se ha pasado casi todo el tiempo que la lluvia lo ha obligado a permanecer aquí hablando en voz baja con una mujer solitaria que, a pesar de estar calada hasta los huesos, ha logrado mantener casi seca una funda de piel que acuna con cuidado entre sus brazos. Esa mujer desprende una gran seguridad en sí misma y es increíblemente atractiva, pero no tiene la coquetería de una cortesana. Tal vez se dedique a la música.

El sirviente niega con la cabeza mientras contempla al heterogéneo grupo de forasteros que se resguarda de la tormenta, preguntándose de dónde habrá salido cada uno de ellos y qué extraño cúmulo de circunstancias y casualidades los habrá llevado a reunirse bajo el pórtico de su templo durante esta tarde lluviosa. Luego se encoge de hombros, porque los visitantes ya se marchan y nunca lo sabrá.

Si la divinidad del interior del templo le hubiera concedido el don de la omnisciencia a su sirviente, esto es lo que aquel hombre habría visto del viaje que los había llevado hasta allí, un viaje que comenzó exactamente un año antes...

1

ΦΟΙΝΙΚΑ΄ΙΟΣ - ἈΙ ἈΡΧΑ΄Ι
(octubre – los comienzos)

La latifundista

En esta despejada mañana de otoño Ífita se levanta, como de costumbre, al despuntar el alba. Los campesinos del pequeño estado peloponesio de la Élide, al sur de Grecia, no prestan demasiada atención a la designación oficial de los meses y años que establecen los magistrados locales; a fin de cuentas, si el consejo de la ciudad puede ampliar los meses a su antojo y si ni tan siquiera los habitantes de la vecina Arcadia son capaces de comprender las fechas de la Élide, no merece mucho la pena molestarse. Para Ífita, el único calendario que importa es el que marca el eterno devenir de las estaciones y el desplazamiento hacia el oeste de la luna, que recorre el cielo en sus distintas fases.

Ahora mismo, la luz es cada vez más intensa y la constelación de las Pléyades se está desvaneciendo poco a poco en el cielo del amanecer, puesto que este pequeño cúmulo de estrellas se encuentra cercano al horizonte. El ocaso matinal de las Pléyades marca el inicio del año agrícola, e Ífita, que estudia sus rollos de papiro a la luz de un candil, debe tomar decisiones sobre lo que va a sembrar durante el invierno. No hay gran cosa que pueda cultivarse durante el verano griego, seco y caluroso, por lo que el comienzo del otoño es el momento en que los agricultores revisan sus semillas y se aventuran a pronosticar lo que les deparará el invierno: si el gran Zeus y Deméter fueran generosos, y las lluvias del otoño abundantes, quizá se arriesgarían a sembrar espelta o mijo; aunque, si luego siguiera un invierno seco, los que se hubieran decantado por cultivos que necesitaran menos agua, como la cebada, se alegrarían de su prudencia.

Ífita, cuyas tierras se extienden en parte por las riberas del río Alfeo, siempre puede compensar la escasez de lluvia con un riego adecuado, por lo que su principal preocupación en este momento no es la cantidad de precipitaciones que vaya a haber el próximo invierno, sino la situación dentro de doce meses, cuando espera que los campos que contempla alberguen una cosecha fugaz pero extremadamente rentable: una enorme multitud de forasteros.

Sea cual sea el esotérico nombre que el consejo de la ciudad le haya asignado al año, Ífita es consciente de que lo que realmente importa es que se trata del último año de la 132.ª Olimpiada. Dentro de doce meses, se iniciará la celebración de los 133.ºˢ Juegos Olímpicos en el recinto que colinda con la hacienda de Ífita, y su familia lleva generaciones enriqueciéndose a costa de atender las necesidades de las hordas de turistas que asisten al acontecimiento. Sin ir más lejos, ahí está el campo que se extiende paralelo a la parte meridional del recinto sagrado del Altis, al norte del cual se alza el monte Cronios. Este terreno ha producido una abundante cosecha de trigo los dos últimos años, pero Ífita sabe que el trigo absorbe de la tierra la divina esencia de Deméter, la diosa de los cereales, y que si se siembra muchas veces seguidas habrá una mala cosecha. En condiciones normales, la experta granjera dejaría reposar el terreno durante todo un año con el fin de que pudiera recuperar su energía, pero el verano que viene —antes de la próxima siembra otoñal— este campo albergará unas trescientas tiendas de campaña y, lo que es más importante, un centenar de letrinas. Ífita se alegra en silencio cuando piensa que la turba que se va a establecer aquí no solo abonará la tierra a fondo durante su estancia, sino que encima le pagará por ello.

EL TIEMPO DE LA SIEMBRA EN GRECIA

El ciclo agrícola anual estaba determinado por el cultivo elegido y por el terreno en el que se sembraba. En la Grecia antigua no había muchos campos que fueran lo bastante fértiles para soportar dos cosechas al año, y si se quería sembrar plantas bianuales era necesario disponer de una buena fuente de agua para regar la tierra durante la larga sequía estival. Esto hacía que la mayor parte de los campesinos comenzaran el año con la llegada de las lluvias otoñales, puesto que era mejor esperar a que lloviera antes de iniciar la siembra que tener que abrir el suelo endurecido por el sol del verano, una labor tremendamente dura para unas gentes que, por lo general, solo disponían de los aperos más básicos —hasta los tiempos medievales, cuando comenzó la labranza profunda, la tierra solía abrirse en lugar de removerse—. Por lo general, los cereales se cosechaban y se procesaban durante los meses de junio y julio, mientras que otros frutos como las aceitunas o los higos se recogían a principios del otoño. Las uvas también se vendimiaban en otoño, por lo que los campesinos podían contar, al menos, con un trago de vino del año después de una dura jornada de trabajo preparando los campos.

A pesar de este abono adicional, el terreno no podría soportar que se cultivara trigo otra vez al llegar el invierno y, por suerte, no será necesario hacerlo. Ífita comienza a dividir el campo en su cabeza, pensando qué sección le asignará a cada bracero y cuándo podrán arar la tierra sus preciados bueyes. Legumbres, eso es. Sembrará lentejas, garbanzos y habas, en bancales distintos que se regarán con el agua del río Alfeo si la lluvia no fuera suficiente. Hace mucho tiempo que los agricultores saben que la esencia de Deméter solo se la llevan los cereales, y que las legumbres no agotan la vitalidad de la tierra como el trigo o la cebada.

Si el sacerdote local le indica que los augurios de sus sacrificios otoñales han sido favorables, Ífita les dirá a los braceros que comiencen a arar pasada la próxima luna llena y que siembren inmediatamente después de la siguiente lluvia abundante. Tres ciclos lunares bastarán para que maduren los garbanzos y las habas y, si la estación viene fría, las lentejas podrán recogerse unos diez días después. Entonces, mientras la cosecha se seca en cestos en el granero, sembrará pepinos, cebollas y ajos en la tierra renovada por las legumbres.

Por norma general, Ífita solo cultiva hortalizas para cubrir sus propias necesidades y las de sus braceros, ya que las intrincadas vías de la Élide harían muy difícil que unos frutos tan perecederos llegaran al mercado sin pudrirse; durante los años olímpicos, no obstante, el mercado viene hasta Ífita, y los puestos donde vende su cosecha son asediados por los hambrientos asistentes a los juegos.

Cierto es que se verá obligada, por seguridad, a trasladar el ganado a las explotaciones colindantes, y que sus braceros tendrán que hacer rondas de vigilancia por los campos de frutales para mantener alejados a los posibles saqueadores —o a las parejas apasionadas—, y que el bullicio y el caos serán constantes durante una quincena... Pero cuando la muchedumbre empiece a dispersarse y la cerámica rota y el resto de los residuos se hayan recogido de los campos, el único sonido que se oirá a la sombra del monte Cronio será el tintineo de los estáteros de plata que irán llenando las bolsas de Ífita, mientras ella se pregunta qué parte de sus ganancias podrá ocultarles a los recaudadores de impuestos.

Fuera, en el patio, los ladridos de los perros se entremezclan con el parloteo de los braceros, que se van congregando para recibir las instrucciones matutinas del capataz. Tras la muerte de su esposo, hace ya casi una década, casi todos pensaron que la explotación familiar tenía los días contados. Ífita solo le había dado un hijo que era un vago redomado, así que nadie esperaba que el muchacho pudiera sacar adelante el durísimo trabajo del campo.

El hijo se ha ido a vivir a la ciudad, a Elis, y dedica su tiempo a la lira y al estudio de la filosofía epicúrea. En teoría, es el propietario de la explotación, aunque lo cierto es que nunca se le ocurriría oponerse a las órdenes de su imponente madre: es Ífita quien lleva las riendas, eso está claro para todos. Y siempre las ha llevado, desde el principio, cuando se reveló como una magnífica e inesperada aprendiz de las técnicas de su marido.

Hoy, con la ayuda de su experto capataz, dirige la explotación con mano férrea, asi que lo único que debe hacer su hijo es casarse y producir vástagos legítimos que continúen el nombre de la familia, una tarea en la que hasta ahora ha fracasado de forma estrepitosa. Mientras se levanta haciendo a un lado los rollos de papiro, Ífita piensa que la próxima vez que lo vea tendrá que hablar con él muy seriamente del tema.

El diplomático

Si son lo bastante poderosos, o lo bastante influyentes, quienes visiten la corte del rey de Macedonia no tendrán más remedio que sentarse en un diván a disfrutar de un excelente vino de la región, procedente del valle del río Axios, mientras Perseo de Citio, el consejero de confianza del monarca, valora cortés pero meticulosamente hasta qué punto podrían ser útiles los recién llegados. Perseo es un filósofo estoico, un hábil cortesano y un elocuente defensor de su tierra adoptiva, Macedonia.

En opinión de Perseo, pocos pueblos han sido tan incomprendidos y tan injustamente tratados como el macedonio. Sin ir más lejos, solo hay que pensar en los griegos del sur (para Perseo, los macedonios son los «griegos del norte» y, como casi todos ellos, se altera si alguien sugiere que son menos griegos que, pongamos por caso, los atenienses). Los griegos del sur siempre han gozado de protección a costa de la sangre y el sudor de los macedonios, cuya nación hace de escudo entre los consentidos habitantes del sur de Grecia y las hordas salvajes de las tierras del norte.

PTOLOMEO II (284-246 A. C.)

Tras la muerte de Alejandro Magno, uno de sus generales, un hombre llamado Ptolomeo, se dirigió a Egipto lo más rápido que pudo. Ptolomeo sabía que los demás generales iban a desgarrar su Imperio tratando de hacerse con el poder, y él quería gobernar en Egipto, que había sido sometido por Alejandro en el año 332 a. C. Ptolomeo, sin embargo, no intentó convertir Egipto en un estado macedonio, sino que simplemente se situó a la cabeza de la jerarquía política y religiosa proclamándose faraón. A partir de ese momento, Egipto pasó a estar formado esencialmente por la muy griega ciudad de Alejandría en el delta del Nilo, por algún que otro asentamiento heleno adicional desperdigado por el territorio egipcio, y por el resto del país, donde la vida continuó siendo tal como había sido durante milenios.

Ptolomeo tuvo varios enfrentamientos bélicos con los reyes seléucidas, que dominaban la retaguardia del Imperio de Alejandro, y se empeñó en arrebatarle el control de Grecia a los macedonios. Su muerte en el 246 a. C. produjo un alivio generalizado en el mundo helenístico. El nuevo faraón, hijo del monarca, se llamó Ptolomeo en honor de su padre, y «Filadelfo» (amante hermano) en honor de su hermana, con la que se casó. Ptolomeo II convirtió Alejandría en un célebre centro de la cultura griega, al mismo tiempo que imitaba a su padre en su infatigable intento de derrocar al resto de los soberanos helenísticos.

Al menos una vez cada generación, los macedonios son llamados a las armas para defender su montañoso reino de los invasores procedentes de los territorios situados más allá del Danubio, a menudo al mismo tiempo que son atacados simultáneamente por el este y el oeste. Y mientras ellos se sacrifican encargándose de mantener a raya a las hordas bárbaras, ¿cómo se lo agradecen los griegos del sur? Con desprecio y altanería, llamándolos mestizos y medio bárbaros. Un orador ateniense incluso se atrevió a afirmar que no valían ni siquiera para ser esclavos (eso fue poco antes de que los macedonios, supuestamente tan serviles, sometieran a Atenas al yugo que soporta resentida desde entonces).

Basta pensar en el mejor de los griegos, el gran conquistador Alejandro, el hombre que acabó de una vez por todas con la amenaza persa que llevaba generaciones poniendo en peligro la independencia helena. No fue sino Alejandro de Macedonia quien le entregó a Grecia el Imperio persa, que se extendía desde las costas del Mediterráneo hasta los páramos del desierto de Gobi.

El caso es que parecía que el sometimiento definitivo de Persia traería seguridad a Macedonia y al sur de Grecia, pero resultó no ser así. Tras la repentina muerte de Alejandro, sus generales heredaron los territorios conquistados, y ahora Macedonia se enfrenta a otro peligro, esta vez procedente de los compatriotas griegos que gobiernan el antiguo Imperio alejandrino. Por suerte, el grueso de las conquistas de Alejandro se encuentra en manos de un afable monarca llamado Antíoco II de Seleucia, y Perseo es uno de los diplomáticos encargados de garantizar que las relaciones entre el rey seléucida y Macedonia sigan siendo cordiales.

Pues bien, esa cordialidad no se hace extensiva a Ptolomeo II, el gobernante de Egipto, otro de los reinos que conquistó Alejandro. Perseo es un diplomático de la cabeza a los pies y, fiel a su formación estoica, se esfuerza en mantener un tono sosegado cada vez que sale a relucir el tema del molesto Ptolomeo; aun así, cuando esto sucede incluso un ojo inexperto podría percatarse del ligero rubor que aflora en sus mejillas y de la evidente tensión con que sujeta su copa de vino.

A decir verdad, Ptolomeo es un auténtico fastidio —por decirlo de un modo fino, aunque en privado Perseo tienda a calificarlo de una forma mucho menos cortés—. En los últimos años, Macedonia y Egipto se han enfrentado varias veces. Han sido

Ptolomeo II, representado aquí como gobernante egipcio.

enfrentamientos breves pero encarnizados, y da la impresión de que podrían repetirse en un futuro próximo. El problema es Grecia, que ha estado sometida a la hegemonía macedonia desde que Alejandro Magno asumiera el mando de los asuntos griegos hace ya más de un siglo (Perseo no es el único cortesano macedonio que se estremece educadamente cada vez que alguien es tan grosero como para emplear la palabra «conquista» en referencia a la intervención de Alejandro, puesto que a los compatriotas griegos no se les conquista).

Si algo bueno tiene el hecho de que Macedonia esté al mando de Grecia es que las ciudades griegas ya no se dedican a organizar aquellas pesadas y continuas batallitas entre sí, tan propias de otros tiempos. Aunque lo malo es que ahora se dedican a organizar pequeñas y constantes rebeliones contra Macedonia. En cuanto los atenienses han recibido su merecido por ser demasiado arrogantes, se levantan los espartanos, y luego saltan los arcadios... y así siguen asomando uno tras otro, como si fuera una partida interminable cuyo único fin es vapulear al hoplita.

Y no hay más que hurgar un poco en esas pequeñas rebeliones para saber que la causa no es otra que los agentes de Ptolomeo, que están por toda Grecia instigando el descontento y prometiendo ayuda diplomática, oro, armas y dinero del tesoro sin fondo de Egipto. Para la gente del sur de Grecia, los años anteriores al sometimiento macedonio siguen siendo una especie de edad dorada —algo en gran parte ilusorio—, y parecen estar convencidos de que, si los macedonios dejaran de gobernarlos, volvería como por arte de magia la época de Pericles, Sócrates y Eurípides.

No hace mucho, Ptolomeo sedujo a los atenienses con promesas de «libertad» y los incitó a sublevarse; pues bien, cuando los indignados macedonios marcharon al sur para encargarse de la rebelión, Ptolomeo no dudó en abandonar a los atenienses a los que había encandilado, dejando la ciudad enteramente a su suerte. Ahora que se acercan los Juegos Olímpicos, Perseo está convencido de que los agentes de Ptolomeo se pondrán de nuevo manos a la obra y se infiltrarán entre el gentío tratando de generar descontento y de provocar división y discordia, con el fin de que Grecia se convierta en un caldo de cultivo para la insurrección.

Lo único bueno que Perseo aprecia en todo esto es que no sería raro que tuviera que acudir a los Juegos Olímpicos en persona. Así, con la ayuda de algún que otro soborno y de alguna que otra amenaza, podrá guiar a los posibles rebeldes descarriados de vuelta al redil macedonio, y en el peor de los casos tal vez deberá recurrir a un prudente asesinato que hará pasar por un extraño accidente de jabalina.

En general, un viaje a los Juegos Olímpicos para atajar de raíz cualquier problema que pudiera surgir podría terminar siendo una excursión muy provechosa, y además el diplomático cuenta con la ventaja añadida de que tendría una estupenda excusa para disfrutar de todo el esplendor y el espectáculo de los juegos.

Tracia aún no ha salido de casa y ya sabe que, a la vuelta, le espera una paliza. Su ama le ha dado muy poco dinero, como siempre, y la joven esclava, malhumorada, se pasa la lengua por el hueco carnoso entre la encía y el labio inferior, donde los atenienses suelen guardar la calderilla. En Atenas, la calderilla tiene un tamaño tan diminuto como su valor, y los dos óbolos que anidan al lado de sus dientes no superan el volumen de un grano de trigo, así que, como es muy fácil extraviar unas monedas tan pequeñas, Tracia prefiere llevarlas bien seguras en la boca hasta que tenga que escupirlas con cuidado en el plato de algún comerciante. Lo ha hecho muchas veces, pero les reza a unos dioses a los que apenas recuerda para que hoy sea la última vez que se vea obligada a hacer una de estas extenuantes salidas para ir a comprar.

La joven esclava es consciente de que ni siquiera yendo a uno de los mercados más siniestros de la zona del Cerámico —o regateando desesperadamente por unas verduras mustias de hace una semana— conseguirá regresar con alimentos suficientes para cocinar ese día. Y su ama la castigará porque la comida es escasa. Y luego volverá a castigarla porque es de mala calidad...

No es que su ama reciba poco dinero de su esposo para el mantenimiento de la casa. Tracia sabe muy bien que el amo calcula medio dracma diario para la comida y que le entrega el dinero a su esposa cada diez días, pero en los aposentos femeninos, donde el amo rara vez entra, hay una pequeña vasija que contiene las monedas que el ama de Tracia ha ido ahorrando a fuerza de escatimar en los gastos domésticos. Ahora bien, si el marido llegara a decir algo sobre lo mala que es la comida, la que terminaría pagando por la tacañería de la esposa sería Tracia, y por eso esta vez ha jurado que, si los dioses lo permiten, la de hoy será su última paliza.

A menos, por supuesto, que por la noche le propinen otra por la mala calidad de sus labores. Como todas las esclavas domésticas,

Tracia pasa mucho tiempo en el telar y se espera de ella que produzca como sea unas prendas de excelente calidad, aunque con lo que le dan solo puede comprar el vellón más barato, un género fino y lleno de pinchos, apelmazado por los excrementos y el orín de oveja. Se suponía que, esta mañana, Tracia tenía que haber convertido esos estropajos en madejas de lana, pero a su ama se le ha ocurrido enviarla a la compra, así que ahí está, en la calle otra vez. Y no es que esto la vaya a librar de sus labores. No, por supuesto que no: Tracia tendrá que quedarse trabajando hasta bien entrada la noche para compensar su retraso con la lana, y seguro que por la mañana la castigarán por despilfarrar el aceite del candil. Algunas veces piensa que su ama es capaz de buscar cualquier excusa con tal de azotarla, solo porque esa vieja κασσωρίς disfruta haciéndolo.

Tracia encoge un poco los hombros y siente cómo se le estira la piel alrededor de las heridas apenas cicatrizadas que tiene en la espalda. En una ocasión, volvía a casa con agua de la fuente y se le abrió una de las heridas, de modo que la túnica acabó manchada de sangre. Pues bien, un vecino se interesó lo bastante para informarse acerca de su ama, y esto causó cierta inquietud en la casa, porque cualquier ateniense podía iniciar un proceso contra alguien que maltratara a sus esclavos. Aquella noche, a Tracia la azotaron detrás de los muslos para que las heridas de la espalda no volvieran a llamar la atención.

Las leyes atenienses que protegen a los esclavos no derivan de un interés por su bienestar. No, claro que no. Pero si hubiera muchos esclavos maltratados podrían rebelarse todos a la vez, y en Atenas el número de esclavos supera por mucho al de los ciudadanos libres. Técnicamente, Tracia figura entre las pertenencias de su amo como un *anthropodo* —es decir, una bestia que tiene piernas de humano en lugar de cuatro patas— y su valor es de unos cuatrocientos cincuenta dracmas, una cantidad ligeramente inferior al salario de ocho meses que su amo recibe como capataz de una cuadrilla de esclavos empleados como obreros de la construcción. La mayoría de los esclavos domésticos se consideran valiosas herramientas para la casa y son tratados en consecuencia, pero no siempre es así.

Mientras trata de abrirse camino entre la muchedumbre que abarrota la estrecha callejuela, la escuálida Tracia se pregunta cuántos habrá en esa multitud que sean esclavos como ella y lleven moratones como los suyos. En Atenas, los esclavos no llevan marcas ni indumentaria distintiva, por lo que a menudo resulta complicado reconocerlos. Aunque a ella se la distingue fácilmente por el tatuaje de un caballo que le sube por un lado del cuello desde la clavícula y que se encuentra a la vista de cualquiera que se moleste en mirar, porque, como todas las mujeres en Atenas, Tracia se peina con un simple moño en la parte alta de la cabeza.

No cabe duda de que ese tatuaje fue motivo de orgullo para el artista tracio que adornó con él a la hija del jefe. Hasta los doce años, Tracia había sido una princesita en su aldea a orillas del río Estrimón, en lo más profundo del agreste territorio tracio, al este de Macedonia. Ni siquiera había oído hablar de los griegos hasta el día en que el poblado se llenó de extraños hombres con arma-

Tatuajes en los brazos de una mujer tracia (*izquierda*).

duras de compacto lino blanco, que portaban espadas y palos y los manejaban con enorme destreza y escasa compasión. Por supuesto, la primera víctima de los asaltantes había sido el jefe del clan, y lo último que Tracia vio de su padre fue su cuerpo destrozado, que yacía tirado en el polvo con los perros hambrientos de la aldea rondando a su alrededor.

En la isla de Tasos, Tracia fue separada de su madre y enviada en un barco a Delos, donde un mayorista la compró como parte de un lote de esclavos para su posterior reventa en Atenas. Allí, al igual que había perdido a sus padres, perdió también su nombre, ya que sus nuevos dueños la llamaron Tracia en referencia a su origen, y su tatuaje del caballo pasó de ser un símbolo de orgullo a convertirse en una marca de barbarie, de alguien que era esclavo por naturaleza. Los atenienses, como gente civilizada que son, jamás se hacen tatuajes.

Tracia tiene ahora dieciséis años y anoche soñó con su hogar tracio, con el ancho río y sus exuberantes riberas, con las montañas parduzcas y las cumbres del norte cubiertas de nieve. En el sueño volvió a ver a las ovejas como puntitos en los pastizales y a las cigüeñas migratorias que pasaban volando para dar testimonio del cambio de estación. Hoy se ha despertado en su minúsculo cubículo con el hedor a excrementos del río Erídano, que discurre al lado de la casa de sus amos y hace las veces de cloaca, y se ha levantado exhausta ya antes del alba para comprobar la masa fermentada de los panecillos que pondrá a cocer poco antes de la cena.

Pues bien, ella podrá ser una herramienta, una posesión, pero si algo la distingue de la escoba y del trapo de fregar que se amontonan en el tosco cobertizo del patio es su capacidad para soñar. Y Tracia no se limita a soñar con la libertad, sino que además hace tiempo que se afana a escondidas para que sus sueños se hagan realidad.

Algunas veces los esclavos domésticos son liberados, Tracia es consciente de ello, pero también sabe que sus dueños la molerían a palos o la matarían a trabajar antes que liberarla. El viejo

Angitis, sin ir más lejos, un campesino que vende verdura en el puesto del mercado del Cerámico al que se dirige, era hace tiempo un simple esclavo. Y eso no es todo, además es tracio y le indigna el modo en que tratan a Tracia. Algunas veces —ojalá también hoy— le regala género pasado, casi invendible, y añade los dos óbolos que le ha dado su ama a los ahorros que se encarga de esconderle a su joven amiga.

Tracia ha echado cuentas y calcula que necesita unos doscientos óbolos. Angitis ya tiene escondidos setenta, y Tracia considera que su ama le debe al menos ciento veinte del dinero que no le ha dado para las compras que se ha visto obligada a hacer de todas formas.

Aunque siempre ha pensado en escaparse, sus planes eran un tanto imprecisos, pero ahora, de repente, han adquirido unos tintes tan reales que le producen escalofríos. Ayer, en el mercado de pescado, lo que comenzó como un encuentro fortuito terminó por transformarse en una conversación larga y tendida con un pescador, cuyo barco había sido arrastrado recientemente en dirección oeste por una tormenta y había llegado hasta Atenas. Resulta que acaban de terminar de arreglar su nave, y tiene la intención de regresar con su tripulación a pescar la anjova que migra hacia el sur desde el Bósforo siguiendo la costa de Asia Menor hasta más allá de Halicarnaso, su puerto de origen.

Las reparaciones del barco han dejado a los pescadores escasos de fondos y, por cien óbolos, harán de tripas corazón y aceptarán llevar a una mujer a bordo, transportando a Tracia hasta Halicarnaso. El problema es que los pescadores tienen que zarpar mañana con la marea, a horas intempestivas. La temporada se encuentra avanzada y el Egeo se está poniendo cada vez más peligroso con las tormentas, de modo que, si la pequeña embarcación no zarpa mañana, es posible que tengan que quedarse indefinidamente.

Así que Tracia, allí mismo, en el mercado de pescado, tuvo que enfrentarse a la decisión más importante de toda su corta vida. Y se siente orgullosa de no haber vacilado ni un instante.

Esta mañana, Tracia va a recoger las monedas que le tiene guardadas Angitis, va a recibir su paliza de la tarde y, en mitad de la noche, se va a escapar sigilosamente de esa casa para iniciar la larga caminata hasta el puerto del Pireo, donde se encuentra atracado el barco pesquero. Los peligros son evidentes, y la joven sabe que es muy probable que, al ser una fugitiva, los pescadores la fuercen y arrojen su cuerpo por la borda cuando se encuentren lo bastante alejados de tierra firme. Pero Tracia presiente que debe arriesgarse. Los filósofos estoicos dicen que los esclavos solo son esclavos porque creen que lo son; pues bien, si tiene que morir mañana, al menos morirá libre. Y la pequeña vasija repleta de óbolos que su ama ha ido acumulando se viene con ella. La vieja le debe eso y más, y a las monedillas les vendrá bien un poco de aire fresco.

El atleta

Similo de Neápolis lleva casi una década sin ir a casa, porque trasladarse hasta allí no solo sería peligroso, sino también bastante improductivo. No es que lo estén buscando, más bien al contrario, podría considerarse uno de los hijos predilectos de Nápoles y esperar una bienvenida digna de un héroe si pudiera regresar alguna vez. No, no se trata de eso. El problema de ese posible regreso triunfal es la ubicación de su ciudad natal, que se encuentra en la costa occidental de Italia. Y es que Nápoles es tan griega como Siracusa o Éfeso, pero se trata de una colonia griega en territorio bárbaro y, durante los últimos veinte años, los bárbaros imperantes en Italia, los romanos, se han enzarzado en una guerra que no parece tener fin con los bárbaros fenicios del norte de África y de Sicilia, los cartagineses.

Desde el punto de vista de un griego italiano —para los griegos, todos los que no son helenos son «bárbaros» por definición—, sería maravilloso que los romanos y los cartagineses resolvieran sus diferencias o acabaran de una vez los unos con los otros y dejaran en paz al mundo, pero no parece que esto vaya a suceder en un futuro próximo. Uno de los motivos por los que estas dos naciones se profesan tanto odio es precisamente lo parecidas que son: tanto los romanos como los cartagineses han adquirido los pertrechos de la civilización, pero sin la racionalidad que viene con ellos. La mayor parte de los estados griegos habrían resuelto las cosas de manera amistosa tras algunas temporadas de estimulante guerra, pero los romanos y los cartagineses son tan obstinados que no pueden aceptar que la lucha se ha extendido ya durante mucho más tiempo del que cualquier griego en su sano juicio consideraría razonable. Después de años y años de muerte constante, la contienda se ha convertido en una pesada guerra de desgaste que no parece que vaya a terminar hasta que caiga el último representante de una u otra nación.

En este momento, la larga guerra de Roma y Cartago se desarrolla en los mares que rodean Sicilia, unas aguas tan traicioneras que ya de por sí podrían disuadir a cualquier viajero sin necesidad de que dos flotas rivales se encontraran patrullando las olas y deteniendo aleatoriamente a los barcos mercantes para confiscarles la carga. Si el barco pertenece a una de las naciones aliadas del trirreme de guerra que lo haya interceptado, cabe la posibilidad de que su tripulación acabe remando para ellos, ya que ambos contrincantes necesitan desesperadamente remeros; si es de una nación neutral, los hombres de la tripulación corren el riesgo de ser esclavizados o incluso de que los maten, para dejar claro que no hay que comerciar con el enemigo.

Así las cosas, si el joven y atlético Similo tratara de regresar a su hogar de Nápoles podría verse forzado a iniciar una nueva carrera como remero de la armada romana o como esclavo en los campos de olivos de Túnez, y la verdad es que a él le gusta mucho su oficio actual.

Similo tiene un deje filosófico que a veces lo lleva a preguntarse si los honores y riquezas con los que los napolitanos lo han colmado durante su ausencia realmente le corresponden. Tal vez deberían destinarse a un legislador cuyas leyes, firmes y justas, sirvieran para urdir el tejido social de la ciudad, o a un soldado que ayudara a su pueblo a escapar de un grave peligro, o a un médico que llevara a cabo su labor durante una peligrosa plaga... Esa gente tiene talentos que benefician a la humanidad, y lo único que sabe hacer Similo es correr muy pero que muy rápido en distancias cortas: es un velocista de categoría olímpica.

De hecho, bien podría ser el hombre más rápido del mundo conocido. La prueba en la que Similo compite es el «estadio», una carrera de casi doscientos metros que se celebra en la pista de cuadrigas homónima, aunque la distancia puede variar ligeramente de unas pistas a otras. Similo es ya un «isocampeón olímpico», puesto que fue el vencedor de los últimos juegos, las Ptolemaicas, que el faraón instituyó en honor de su difunto padre Ptolomeo I. Si hubiera que hacer caso de los aduladores que pululan por la corte de Ptolomeo II, estos juegos habrían superado ya en grandeza y prestigio a los Juegos Olímpicos; Ptolomeo, por su parte, insiste en que son iguales —el prefijo griego *iso-* significa «lo mismo que»— y exige que los vencedores reciban idénticos honores que los campeones olímpicos en sus ciudades natales.

Esto, para empezar, significa dinero... Montañas de dinero, además de una estatua en el ágora, donde está el mercado, comidas gratis de por vida en el edificio del consejo y, seguramente, una buena pensión cuando todo termine. En resumidas cuentas, el sueño de fama y riqueza que inspira a todos los atletas griegos. A Similo ni se le pasa por la cabeza que pudiera haber algún aficionado compitiendo en los juegos por amor al deporte; él es un atleta, y la propia palabra «atleta» significa «que compite por un premio». Incluso en las competiciones de atletismo más legendarias, cuando los griegos se tomaron un descanso de su asedio a Troya, los premios para los vencedores fueron asadores de hierro, caballos y mujeres cautivas. Al fin y al cabo, hasta el más humilde de los carpinteros cobra por su trabajo, igual que lo hace el general más poderoso, y no habría por qué esperar menos de un atleta que se esfuerza y se sacrifica como el que más.

Ahora mismo, Similo se dedica a honrar la morada de un mecenas de Cirene mientras reflexiona sobre sus próximos planes.

El mecenas es un rico aristócrata que está encantado de tener a Similo en casa para lucirlo ante sus invitados, como si fuera un premiado semental o una obra de arte de valor incalculable. Similo y su entrenador reciben a cambio alojamiento y comida, y se les permite usar el gimnasio de Cirene siempre que lo necesiten, lo cual sucede bastante a menudo.

La cuestión no es si Similo va a competir en los Juegos Olímpicos —eso es algo que todo el mundo da por sentado—, sino cuál es la mejor manera de prepararse para el acontecimiento, ya que está claro que Similo no va a estar falto de fondos. Ya le han llegado mensajes de su ciudad natal asegurándole que Nápoles está dispuesta a financiarle el entrenamiento, el entrenador, un nutricionista, un masajista y cualquier otra cosa que le haga falta. Con el debido respeto a Ptolomeo, a sus juegos y al prefijo *iso-*, no hay nada equiparable a los Juegos Olímpicos ni a la gloria que los vencedores le dan a su ciudad, y Nápoles está dispuesta a invertir lo que haga falta para obtenerla.

Se sabe incluso de ciudades que han abierto un hueco derribando parte de su propia muralla para que un campeón olímpico no tuviera que humillarse pasando por una puerta normal a su regreso; y esto para los ganadores de pruebas relativamente poco importantes, como el pentatlón. La prueba más antigua de los juegos, la que los define, es el estadio, y esa es la carrera en la que Similo destaca, una carrera a pie tan venerada que las propias Olimpiadas —todo el periodo de cinco años, que incluye también el año de los juegos— suelen conocerse por el nombre del ganador del estadio. Por supuesto que la ciudad está dispuesta a pagar lo que haga falta por dejar para la posteridad un lustro entero conocido como «la Olimpiada de Similo de Nápoles».

Naturalmente, su actual anfitrión preferiría que su atleta de exposición y corredor estrella se quedara a disfrutar de la agradable brisa de la costa cirenaica mientras va regresando poco a poco al régimen de entrenamiento olímpico, pero esto es algo innegociable. Un velocista que corre en solitario pierde la ventaja que únicamente se logra compitiendo con otros, y esto lo sabe Similo

Atletas compitiendo en una carrera a pie.

y lo saben todos los demás corredores de élite, que en este momento estarán haciendo los mismos cálculos que él: dónde ir, a qué pruebas asistir y quién más acudirá.

Está claro que Similo y el resto de los atletas quieren verse las caras y medir sus fuerzas en las competiciones previas a los Juegos Olímpicos, pero nadie desea alcanzar su máximo rendimiento en estos acontecimientos sin importancia y perder la forma antes de que llegue la gran carrera; aunque tampoco les gustaría darles ánimos a los contrincantes haciéndoles pensar que han perdido cualidades. Se trata de lograr un delicado equilibrio, y la cuestión se complica aún más por el hecho de que, en las carreras a pie, cabe la posibilidad de que se produzcan choques y lesiones, sobre todo porque ningún corredor de categoría olímpica quiere perder y es fácil realizar un sobresfuerzo tratando de ganar una carrera insignificante.

Por si esto fuera poco, a Similo lo han invitado a Creta para competir en los Juegos de Gortina a finales de este mes. El heraldo dejó caer que el consejo de la ciudad de Gortina quería proponerle algo que haría que el viaje mereciera la pena, y Similo siente curiosidad por descubrir de qué se trata.

2

ΚΡΆΝΕΙΟΣ - ἉΙ ἈΡΧΑ΄Ι
(noviembre – los comienzos)

La novia

Al ver a sus hijas convertirse en mujeres, las madres atenienses dicen a veces que «pasan de Pedia a Artemisa». Las dos son diosas, pero Pedia es una diosa apropiadamente menor que personifica el juego y la jovialidad infantiles, y Artemisa es una diosa ya seria y adulta, aunque también es virgen, algo muy importante en esta etapa.

La joven Apia sabe muy bien que el «paso de Pedia a Artemisa» es algo literal, ya que hace tan solo unas semanas se mantuvo solemnemente inmóvil en su cuarto de juegos mientras su madre recogía los juguetes que la habían acompañado durante la infancia. Allí estaba el maltrecho caballito de ruedas que tantas veces había imaginado que empujaba por las murallas de Troya, reinventando la homérica *Ilíada* ante la muñeca de trapo que la acompañaba desde los tres años. Esa misma muñeca había sido introducida con esmero en una bolsa, junto con el caballito, los sonajeros, las peonzas y el resto de los animales de trapo o tallados en madera.

Ahora, en compañía de su madre, Apia ha acudido junto con otras muchachas a la tediosa ceremonia del templo de Artemisa, en la que consagrarán a la diosa sus juguetes infantiles y confirmarán oficialmente que ya no son niñas, sino mujeres de pleno derecho. Lleva toda la ceremonia mirando de reojo a las demás y tratando de adivinar su edad. Ella acaba de cumplir los quince años y no es para nada la mayor —alguna de sus compañeras tiene por lo menos dieciséis—. Sea como sea, todas tienen algo en común: en algún momento a lo largo de las últimas semanas han tenido su primera menstruación y esto, para las muchachas de Atenas, marca el fin de la niñez.

Apia es ahora una mujer adulta y se enfrenta a un futuro incierto. Su nombre significa «incrementar», y eso es precisamente lo que hizo al nacer: incrementar los problemas de su familia. Ella sabe que ha tenido suerte porque ha nacido en una familia moderadamente acomodada y bien conectada, aunque los demás le recuerdan a menudo que, por desgracia, es la menor de cuatro hermanas. Los varones heredan las propiedades y llevan el nombre de la familia por el mundo, las mujeres se quedan en casa y tienen hijos. Sin embargo, en las familias respetables las hijas se casan primero y, si quieren aspirar a un buen matrimonio, necesitan una buena dote.

La dote es importante por varias razones. Para empezar porque, aunque se supone que se trata de un asunto que queda en

Estatua de una niña consagrada a Artemisa.

familia, todos los interesados conocen al menos su valor aproximado, y el prestigio de los involucrados en el matrimonio se incrementa o disminuye en función de la cuantía del obsequio. En segundo lugar, porque la dote estará unida de forma indisoluble a la novia, por lo que, independientemente de las desgracias que pudiera llegar a sufrir el matrimonio, la esposa sabe que siempre podrá contar con ella como último recurso.

Para complicar aún más las cosas, la familia de Apia lleva ya dos generaciones en Atenas, pero no son atenienses y nunca lo serán. Los atenienses protegen celosamente su ciudadanía y, aunque las normas se han relajado en los últimos años, si una mujer que no fuera ciudadana se casara con un ciudadano ateniense se encontraría en una situación bastante precaria en términos jurídicos. Lo normal es que los metecos —es decir, los extranjeros residentes en las ciudades griegas (véase en el capítulo 6 el recuadro «Los metecos atenienses»)—, sobre todo los que llevan mucho tiempo establecidos en Atenas, se casen entre sí, muchas veces sin molestarse en informar a las autoridades de sus ciudades de origen, de las que son oficialmente ciudadanos.

Pese a todas estas dificultades, las tres hermanas mayores de Apia ya han llegado a la edad adulta y se han casado. El auténtico problema para ella es que a su padre le va a resultar difícil reunir una última dote para la última de sus cuatro hijas. Apia se enfrenta constantemente al reproche tácito de no haber nacido varón y se ha afanado por compensar la posible exigüidad de la dote aprendiendo todo aquello que los maridos buscan en las potenciales esposas, como que sepan tejer, bailar y administrar la casa. También es de gran ayuda el hecho de que sus tres hermanas hayan resultado ser tan fértiles y hayan asombrado a su padre dando a luz a casi una docena de hijos entre las tres, y prácticamente todos niños. Esta es la clase de antecedentes de cría que los suegros potenciales aprecian en una esposa.

Aparte de eso, hay que decir que Apia se está convirtiendo en una joven realmente bella, tan esbelta como un potrillo, con unos enormes ojos de color avellana y un cutis blanco y perfecto sobre el que caen los rubios mechones de su cabello. Aunque es cierto que, como había apuntado con desdén una de sus hermanas mayores —bastante menos atractiva—, la belleza está muy bien para una concubina o una cortesana, pero no es ni de lejos lo primero que los hombres buscan en una esposa. El hecho de ser de buena familia, el dinero y la fertilidad son mucho más importantes que la simple apariencia, porque, si el hombre quiere una amante atractiva, nadie le va a reprochar que se la busque en otro sitio. Un hombre con dinero puede tener muchas bellas compañeras, pero solo una esposa.

Claro que, aunque la belleza no sea algo que deba tenerse en cuenta, es normal que un potencial marido se tome su tiempo para reflexionar acerca de las cualidades de las distintas jóvenes que sus parientes y allegados consideran carne de matrimonio. Apia desde luego puede soñar con su esposo ideal, pero sabe muy bien que no tiene absolutamente nada que decir sobre el tema; eso es algo que concierne a su *kyrios,* una palabra que suele significar «amo y señor», pero que aquí hace referencia a su tutor legal, en este caso su padre (sin que esto suponga una gran diferencia semántica). El padre de Apia decidirá con quién va a casarse, cuándo y en qué circunstancias.

Es probable, aunque no seguro, que Apia tenga al menos la ocasión de conocer a su marido antes de casarse con él. Aun así, el propósito de ese encuentro no sería tanto el cortejo como el hecho de permitir que el aspirante a novio inspeccionara personalmente los bienes antes de comprometerse a adquirirlos. Todas sus hermanas conocieron así a sus maridos, y después de cada encuentro hubo semanas de chismorreos y risitas en los aposentos femeninos, mientras las hermanas evaluaban sin tapujos la elección de sus progenitores.

Por ahora, hay dos cosas que tranquilizan a Apia. En primer lugar, todavía se la considera joven, de modo que sus padres disponen de al menos otro par de años antes de que la caza del marido se convierta en una búsqueda desesperada; en segundo lugar, siempre podrá recurrir a la experiencia y la compañía de sus hermanas, ya que, aunque ahora cada una tenga su propia familia, las muchachas se visitan a menudo para comentar los asuntos domésticos e intercambiar consejos sobre la crianza de los hijos. Le depare lo que le depare su vida de casada, piensa Apia, por lo menos no le traerá muchas sorpresas.

El constructor

Los dioses crearon al hombre, pero ¿puede el hombre crear dioses? El constructor Metón sopesa esta peliaguda cuestión mientras repasa las cifras que ha preparado antes de su encuentro con el tesorero egipcio, al que espera convencer con su oferta de licitación para la construcción de un templo en Olimpia consagrado al dios Serapis.

Metón no está muy seguro de si Serapis es un dios de verdad o un invento de la maquinaria propagandística de la corte del faraón para unir a los egipcios y a los colonos griegos en el interior del país y aumentar al mismo tiempo el prestigio de Egipto en el extranjero. Aunque una cosa está clara: por mucho que Serapis hubiera tenido ya una fútil existencia antes de que Ptolomeo I lo arrancara de la oscuridad, nunca ha gozado de la fama ni de los miles de devotos y fieles que tiene en la actualidad por todo el Mediterráneo.

Metón es un convencido henoteísta, esto es, alguien que acepta la existencia de otros dioses, aunque personalmente restringe su culto a una sola divinidad, que en su caso es la Señora, la diosa ojizarca Atenea, y en particular su advocación de Atenea *Ergané*, la patrona de los artesanos. Por eso construir un lugar de culto para este nuevo dios no le preocupa tanto como cabría esperar, por mucho que Serapis parezca reivindicar para sí algunos de los atributos que habitualmente se le asignan a Hades, el señor del Inframundo. Sin duda, su devoción por Atenea lo protegerá de los celos de Hades... O al menos eso es lo que espera el piadoso constructor, aunque haya quien piense que la estatua de culto que va a colocar en el templo pueda rayar en la blasfemia.

EL NUEVO Y ANTIGUO DIOS SERAPIS

Cuando el caudillo macedonio Ptolomeo I asumió el mando de Egipto, necesitaba demostrar a sus nuevos súbditos que era un faraón egipcio tradicional y a los griegos que era tan griego como el que más. Era una difícil tarea, pero Ptolomeo consiguió cuadrar el círculo a través de uno de los cultos egipcios más antiguos: la veneración del sagrado toro Apis. Considerado como la encarnación de un dios, cuando un toro Apis fallecía era adorado como tal, y Ptolomeo desarrolló esta idea tomando el nombre de «Osiris-Apis» de dicho dios y helenizándolo en la forma de «Serapis». Se trataba de una divinidad que en muchos aspectos fue creada a medida: Ptolomeo quería un dios unívocamente egipcio que no pudiera vincularse a primera vista con ningún miembro del panteón griego, pero que tuviera atributos de varios de ellos. A diferencia de los conocidos dioses con cabeza de animal de los egipcios, Serapis tenía cabeza humana y se adaptaba más al estilo griego, y su culto se fomentó con fuerza por todo el mundo helenístico en una estrategia de propaganda favorable a Ptolomeo, ya que Serapis y la diosa Isis se consideraban los protectores y benefactores del faraón. El principal templo del dios en Egipto, el Serapeión de Alejandría, fue uno de los mayores templos del mundo antiguo y se mantuvo en pie hasta el año 391 d. C., cuando una turba cristiana lo destruyó por considerarlo un bastión del paganismo.

Y dado que Metón va a participar en la licitación para la construcción del templo de Serapis, es lógico que haya reflexionado mucho sobre la efigie del dios que se va a emplazar en la *naos*, es decir, en la estancia central del interior del templo, que es la parte más sagrada del edificio. La escultura encargada por Metón se basará en la infame estatua de Serapis que originalmente se encontraba en Sinope, una ciudad en las costas del Euxino —el mar Negro—. Esta escultura muestra al dios como un varón con rasgos griegos, pero vestido con atuendo egipcio. El simple hecho de que Serapis tenga rasgos humanos sirve ya para diferenciarlo de muchos de los dioses egipcios, que presentan cabezas de animales sagrados, pero la estatua que Metón pretende recrear tiene además una cesta sobre la cabeza y un perro tricéfalo a sus pies, que es una clara referencia al Inframundo, cuyas puertas están guardadas por Cerbero, el can de tres cabezas. Los griegos versados en simbología se darán cuenta además de que la cesta, que se emplea para el cereal, es un símbolo reconocido de la muerte y la vuelta a la vida, ya que el cereal cae en la tierra y sale en la siguiente estación como una nueva planta, así que es muy probable que esto no le haga mucha gracia a Hades.

Relieve que muestra a Atenea con el brazo apoyado en un pilar.

La estatua es casi tan conocida como el propio dios al que representa, y, a pesar de los atributos de Hades, Metón quiere adular a los representantes egipcios usando una reproducción de la misma. Según se dice, Ptolomeo I soñó que el dios quería que esta escultura se alzara en el enorme templo que el faraón le estaba construyendo en Alejandría, pero lo único que le reveló el sueño fue la descripción de la estatua y su entorno; ni siquiera sabía que la escultura existía de verdad hasta que uno de sus cortesanos reconoció la descripción y le dijo al faraón que se encontraba en la ciudad de Sinope.

LOS GRIEGOS EN EGIPTO

Cualquiera que conozca el relato de Edipo y el enigma de la esfinge sabrá que la historia antigua de Grecia se encuentra muy ligada a la egipcia. Esto fue especialmente cierto durante la época ptolemaica, cuando Egipto estuvo gobernado por una dinastía macedonia que fomentó de forma activa la inmigración griega y la fundación de ciudades helenas en el país del Nilo. Uno de los elementos que lo hicieron posible fue la institución de la polis, que era la cultura griega encapsulada en una ciudad independiente, siguiendo un modelo que se extendió por todo el mundo heleno desde Hispania hasta Afganistán, con tan solo pequeñas variaciones regionales. Así, por ejemplo, los arqueólogos han desenterrado un típico gimnasio griego en Watfa, el yacimiento de la antigua ciudad de Filoteris que Ptolomeo II fundó unos doscientos kilómetros al sur de Alejandría, el centro del Egipto griego. Durante la época imperial romana, la cultura griega siguió prosperando en Egipto y nos ha dejado un valioso patrimonio de textos en papiro, esculturas y pinturas, aunque después de la conquista musulmana del año 640 d. C. acabó desapareciendo.

Una comitiva se dirigió de inmediato a la ciudad para comprar la estatua, pero sus habitantes se mostraron muy reacios a separarse de ella y no hubo forma de hacerlos entrar en razón. Finalmente, las extensas negociaciones terminaron cuando los egipcios zarparon con la estatua a bordo de su barco. Según ellos, el dios Serapis estaba tan harto de esperar que, sencillamente, su estatua se había bajado del pedestal y se había subido al barco; según los habitantes de Sinope, los egipcios aprovecharon la oscuridad de la noche para enganchar la estatua con las poleas del barco y robarla con descaro. Sea como fuere, Metón quiere que el proyecto de su templo incluya una copia de esta estatua.

Teniendo en cuenta la energía y los recursos que los reyes ptolemaicos han dedicado a la promoción del culto de su «nuevo» dios, no resulta sorprendente que Ptolomeo II haya decidido que necesita construir este templo de Serapis en el lugar más griego de todos: el recinto sagrado de Olimpia, donde se celebran los juegos.

Pues bien, eso es algo que no va a suceder, ya que los padres de la ciudad de Elis han rechazado indignados la idea de que un nuevo dios entre a pelear por el espacio ya abarrotado del recinto del santuario. Aunque Metón sospecha que los egipcios nunca han pretendido realmente construir el templo en el interior del recinto sagrado, y que solo lo propusieron con el fin de que los padres de la ciudad aceptaran construirlo en otro lugar de Olimpia. Al fin y al cabo, el recinto alberga ya ese precioso templo con la estatua de oro y marfil de Zeus que realizó el gran escultor Fidias, una de las maravillas del mundo —antiguo—, e incluso con los inmensos recursos del reino de Egipto sería difícil competir con algo así. De ahí que la ingeniosa solución adoptada haya sido comprarle a algún terrateniente una de las parcelas que colindan con el santuario de Olimpia porque, si se construye sobre algún pequeño afloramiento rocoso en la falda del monte Cronio, el nuevo edificio tal vez no eclipsará al famoso templo de Zeus que se encuentra en el recinto sagrado, pero desde luego lo tendrá a sus pies.

Ahora bien, el hecho de que se vaya a erigir en un lugar literalmente prominente hace imprescindible que el templo sea el más bello ejemplo de arquitectura griega que pueda construirse con el presupuesto asignado —por otra parte, muy generoso—, y por eso Metón ha trabajado codo con codo con arquitectos de lugares tan remotos como Atenas o Éfeso, y ahora dispone de tres maquetas cuidadosamente construidas a escala que muestran distintos diseños para el edificio. A alguien que no esté familiarizado con el tema le parecerá que los diseños son casi idénticos, pero esto se debe a que las convenciones de la construcción de templos no admiten una gran flexibilidad.

Si se construye en estilo dórico, por ejemplo, deberá presentar una relación fija entre las proporciones de la *naos* central —que alberga a los dioses— y el número de columnas del peristilo —es decir, la columnata que rodea la *naos*—; además, la ubicación y proporciones del resto de los elementos arquitectónicos también se encuentran establecidas, y por eso todos los templos del mundo griego presentan una apariencia tan similar. Y no importa que muchas de estas convenciones constructivas se remonten a la época arcaica —cuando los templos se erigían en madera y la anchura del edificio estaba condicionada por la cantidad de vigas que podían colocarse a lo ancho de la cubierta— o que algunos elementos sean ahora puramente ornamentales, como sucede con las clavijas que solían emplearse para sujetar las mencionadas vigas de madera: así es como les gustan los templos a los dioses, y Serapis se ha saltado ya demasiadas normas como para complicar aún más su búsqueda de aceptación saltándose todavía más, de modo que el templo será totalmente tradicional.

Metón quiere convencer al tesorero egipcio de que elija el templo dórico, ya que se trata de un estilo más sobrio y eso le permitiría construir un edificio más grandioso con el mismo presupuesto. Desde luego, es muy consciente de que el coste de un templo, por pequeño que sea, resulta absolutamente sobrecogedor, por lo que una de sus prioridades es contener el gasto. Sin ir más lejos, una sobria columna dórica cuesta por sí sola unos

50.000 dracmas, una cantidad que los obreros cualificados que la tallen tardarían dos vidas enteras en ganar, y hasta la propuesta más modesta de Metón incluye una docena de estas columnas. Pero es que si el egipcio se decidiera por el estilo jónico, el coste de cada columna se dispararía hasta los 65.000 dracmas, debido a los estilizados capiteles y a la acanaladura que debe ser meticulosamente tallada en los fustes, donde un simple resbalón del cincel podría salir por 10.000 dracmas.

Y son precisamente estas cifras las que hacen que Metón esté tan ansioso por conseguir el contrato: aunque solo se quedara con una comisión personal del 0,5 % del precio inicial, no necesitaría volver a preocuparse por el dinero jamás. Mientras pasea inquieto de un lado a otro esperando a que llegue su potencial mecenas, Metón sueña con retirarse a su isla natal, Milo, y con la casa familiar que se construirá allí.

El mercader

Tanto si se quiere llamar Apolonópolis como si se prefiere el nombre de Edfú, la enorme ciudad-templo a orillas del Nilo se encuentra mucho más al sur de lo que le gustaría al comerciante Sación. En circunstancias normales, él prefiere quedarse en Alejandría, comprando y vendiendo mercancías procedentes tanto del bárbaro Occidente como del civilizado Oriente, y obteniendo beneficios del tráfico en ambas direcciones.

De Oriente llegan especias, sedas y sandalias; aunque Sación desconoce de qué parte de Oriente, puesto que él no sabe nada de los bienes hasta que alcanzan el puerto de Arsínoe, en la costa del mar de Eritrea —mar Rojo—. Por desgracia, la incertidumbre de la vida y el comercio hace que, en ocasiones, los acuerdos fracasen; por ejemplo, podría ser que el mercader que hubiera acordado comprar un cargamento de pimienta de la India falleciera o se arruinara, o que la pimienta hubiera sido «adquirida» misteriosamente por la tripulación armada hasta los dientes de algún barco del conocido puerto pirata de Raithos, y que de repente hubiera unos bienes huérfanos en busca de comprador. Y aquí es donde entraría en escena Sación, que adquiriría la mercancía y se encargaría de encontrarle un nuevo cliente.

Como comerciante griego de familia arraigada en Egipto, Sación dispone de una red de contactos por todo el mundo helenístico y sabe qué compradores podrían estar dispuestos a pagar los precios más altos por según qué productos. Y de tratarse de unos bienes lo bastante valiosos, el propio Sación viajaría con ellos y realizaría la venta él mismo, renovando así los lazos personales con los contactos de los que depende su sustento. Sin embargo, el reino de Kush, una tierra remota al sur de Egipto, apenas había aparecido entre los intereses comerciales de Sación hasta hace tres meses, cuando de pronto pasó a ocupar un lugar preeminente.

Lo que sucedió fue que había otro mercader que llevaba casi todo el año negociando un importante acuerdo comercial con unos empresarios de Meroe, una de las principales ciudades kushitas, y poco después de que el trato se firmase ante los pertinentes testigos el mercader desapareció durante una temprana tormenta otoñal, mientras navegaba con un cargamento de plata de Hispania de camino a Alejandría. Su esposa se puso entonces en contacto con Sación para preguntarle si le interesaba quedarse con el contrato y, aunque él no se mostró muy interesado al principio, todo cambió al descubrir la naturaleza de la mercancía en cuestión: doce talentos (setecientos kilogramos) de marfil en bruto a precio de ganga. Y justo cuando el rey atálida de Pérgamo, en Asia Menor, se encontraba buscando marfil desesperadamente para decorar los templos y monumentos de su floreciente ciudad.

Los kushitas habían quedado en entregar el marfil a un intermediario en Elefantina, en el alto Nilo, y el intermediario había acordado que llevaría la carga hasta Apolonópolis —o Edfú—, casi a mitad de camino. Y allí es donde había que recoger y pagar el marfil, así que Sación ha tenido que recorrer un largo trayecto para llegar hasta la antigua ciudad de arenisca. Desde luego, no ha resultado un viaje sencillo, ya que ha sido necesario remontar el Nilo a contracorriente durante todo el recorrido, a lo largo de una distancia de unos cinco mil cuatrocientos estadios (algo más de un millar de kilómetros); además, a medida que se ha ido alejando de la ciudad de Menfis, Sación ha podido apreciar una mayor hostilidad por parte de los egipcios, lo que hace que se sienta extremadamente incómodo.

Egipto es una tierra antigua y orgullosa de su historia. Mil años antes de Alejandro Magno, los egipcios comerciaban ya con los asirios y controlaban algunas zonas del Levante; quinientos años atrás, sin embargo, Egipto había estado gobernado por una dinastía kushita, y esa es una de las razones por las que, en la actualidad, los mercaderes de Kush no quieren aventurarse más allá de Elefantina.

Y es que los egipcios prefieren verse como conquistadores que como conquistados, y sus monumentos están repletos de bajorrelieves que muestran a sus dirigentes sometiendo a otros pueblos. Así que cualquier cosa que les recuerde las humillaciones pasadas y presentes, ya sean los mercaderes de la advenediza ciudad griega de Alejandría o los del antiguo reino de Kush, les molesta sobremanera, y en general el sur de Egipto, con su población huraña y rebelde, es un lugar desagradable para hacer negocios.

Como comerciante que es, Sación está habituado a gestionar mercancías que han recorrido distancias casi inimaginables. Todavía recuerda el día en que aquel tratante de la India le comentó que su cargamento de especias había recorrido un camino más largo para llegar hasta la propia India que el que recorrería hasta su punto de venta final en Grecia. Y aun así, a Sación le parece que la ciudad de Meroe, de la que viene este marfil, es un lugar tan remoto como mítico.

Dicen que Napata, la capital del reino de Kush, tiene más pirámides que la Tebas egipcia, y que Meroe es una populosa ciudad con altos edificios que está rodeada de frondosos bosques. Los productos de hierro de Meroe son conocidos por su calidad y su rareza, ya que son pocos los comerciantes dispuestos a transportar una mercancía tan pesada y relativamente barata hacia el norte, a lo largo de los dos mil quinientos kilómetros que separan esta tierra de Alejandría. No ocurre lo mismo con los diamantes, las pieles de leopardo, los animales exóticos y, por supuesto, el marfil, productos que pueden transportarse con relativa facilidad y realizan ese largo trayecto a menudo, aunque sería rarísimo que fuera un único mercader el que realizara el viaje de principio a fin. Al igual que las especias que Sación importa de Oriente, los bienes van pasando de mano en mano, y por lo general quienes los adquieren en última instancia no tienen ni la más remota idea del lugar de procedencia de su cargamento o de quiénes lo han transportado.

Estos días, cobijado en una posada con vistas al Nilo, Sación pasa las tardes hablando de teatro con su anfitrión griego y deleitándolo con los relatos de sus viajes por Grecia y Oriente, y ocupa las mañanas merodeando por los muelles, aguardando ansioso alguna noticia de su valioso cargamento, que se dirige río abajo hacia él.

Y mientras tanto, Sación se pregunta acerca del resto de África y sus habitantes de piel marrón. Los pueblos mediterráneos conocen el reino de Kush porque comparte con Egipto la larga arteria del Nilo y su constante flujo de mercancía e información, pero África es inmensa y aún está por explorar, ya que al oeste de Egipto las impenetrables arenas del Sáhara se extienden hasta las remotas costas del Océano, más allá del Mediterráneo. Sación se pregunta qué habrá al oeste del Nilo, al sur del Sáhara, qué reinos y civilizaciones desconocidos prosperarán y comerciarán sin que nada se sepa de sus gentes ni de su cultura en las tierras del norte.

Como griego y egipcio que es, Sación está convencido de que su tierra y su cultura son superiores a todas las demás del mundo, pero ahora que ha tomado conciencia de los inmensos y desconocidos territorios del sur, le pica la curiosidad. Tal vez merezca la pena fletar una barcaza para viajar un poco más allá río arriba y encontrarse con su mercancía a mitad de camino. En la orilla habrá cocodrilos, ibis e hipopótamos, puede que incluso vea a los primeros flamencos rosados en su migración hacia el norte. Zarpar hacia semejante aventura sin duda será mejor que esperar a la sombra de los oscuros templos de Edfú en compañía de sus huraños habitantes.

La tañedora de lira

De regreso en sus aposentos, Calia desenvuelve con cuidado el instrumento que le ha costado casi la mitad de sus ahorros. Se trata de una lira que ha venido a sustituir a la que hay al lado de la cama, que sin duda aún podría utilizarse, aunque debido al caluroso verano anatolio no sirve para un músico profesional. Calia se ha visto obligada a reemplazarla y, para ello, ha sido necesaria una meticulosa selección.

Y es que no todas las liras son iguales. Por ejemplo, está el *phorminx*, que aún tañen los aedos de las aldeas donde las ovejas son el puntal de la economía; y también la *chelys*, tan pintoresca como poco práctica, y que según la leyenda fue la primera lira que se inventó y recibe su nombre de la tortuga sacrificada por el dios Hermes para crear el instrumento. Por lo visto, Hermes estaba cuidando de las magníficas vacas que le había robado a Apolo y, para distraerse, el joven dios —un niño notablemente precoz— cogió los cuernos de un cráneo de antílope y los empleó como bastidor para colocar las cuerdas. Entonces se dio cuenta de que las cuerdas producían un sonido agradable al tañerlas, pero consideró que les faltaba sonoridad, así que Hermes sacó a una tortuga de su carcasa y empleó el caparazón como caja de resonancia para dotar al sonido de la profundidad necesaria.

Ahora mismo, Calia desearía haberse llevado una *chelys* a Anatolia. Eso sí, para que una *chelys* auténtica funcione bien debe darse la feliz coincidencia de que el caparazón de la tortuga tenga el grosor y la flexibilidad correctos para los cuernos de antílope con los que se vaya a emparejar, y algunas veces Calia se pregunta cuántas tortugas y cuántos antílopes harán falta para hallar la combinación perfecta.

Naturalmente, el problema puede sortearse usando algo que sustituya al caparazón y al antílope; así que Calia, como todos los tañedores de lira profesionales, toca la cítara, que es un arpa con caja como el *phorminx* —aunque, por lo demás, la cítara es al *phorminx* lo que un semental purasangre es a la mula que tira de la carreta de estiércol—. Un arpa con caja de resonancia elimina tanto la innecesaria crueldad hacia las tortugas como la aleatoriedad a la hora de construir el instrumento, gracias a la meticulosa fabricación de una caja de madera hueca que cumple la misma función que el caparazón de tortuga, pero de manera mucho más precisa. Un buen ebanista puede crear una caja de resonancia que configure y dote de textura a la vibración de las cuerdas y, en función de la madera empleada, del grosor y de la forma de la caja de resonancia, una misma cuerda podrá emitir un sonido suave, un sonido fuerte y sonoro o uno trémulo y sugerente cuando solo se pulsa.

La cítara que tenía Calia era de cerezo, mucho más cara porque a los lutieres no les gusta nada trabajar con la dura y quebradiza madera de este árbol. Es más, la albura y el duramen del cerezo tienen texturas distintas, y normalmente los artesanos solo trabajan con una de ellas porque ambas partes envejecen de manera diferente aunque pertenezcan a un mismo tronco. Si en una lira se emplean dos tipos de madera distintos, no tardarán en aparecer tanto manchas como una leve disonancia oculta bajo las nítidas e intensas notas de la caja de resonancia.

Por otro lado, la madera de cerezo tiene otro problema, y es que el árbol crece en lugares con buena irrigación y un alto índice de humedad relativa, por lo que si el lutier ha empleado una madera que no se haya secado en la aridez del verano sahariano solo una citarista insensata se llevaría su instrumento de gira por las tierras altas de Anatolia. Y eso es precisamente lo que ha hecho Calia, y su disgusto ha sido considerable al descubrir que la madera de su instrumento no se había dejado secar

Tañedora de lira con una cítara.

adecuadamente y que su lira comenzaba a encogerse, a agrietarse y a combarse con el calor abrasador de la meseta anatolia.

Lo que ahora descansa sobre la cama sigue siendo un instrumento utilizable que podría sonar bastante bien si lo que se quiere es divertir a una muchedumbre en el mercado o a un grupo de soldados que se retiran después de la temporada de campañas militares, pero por desgracia ya no sirve para aquello para lo que fue concebido, esto es, deleitar a un público de cultivados aristócratas en los pequeños auditorios conocidos como «odeones» y consagrados a Apolo, de perfecta acústica y diseñados específicamente para actuaciones artísticas.

En el mundo griego es señal de buena educación que un aristócrata sepa tañer la lira o que al menos sea capaz de apreciar su música. Así que si a Calia le pagan un salario elevado por sus actuaciones, es porque sus oyentes esperan una interpretación experta con un instrumento de calidad, y su vieja lira ya no lo es.

Aun así, por lo menos la vieja lira se venderá por un importe aceptable, ya que Calia goza del suficiente prestigio como para que el mero hecho de poseer uno de sus antiguos instrumentos suponga un valor añadido, y la mayoría de los músicos de la aristocracia tocan tan mal que los sutiles defectos de la cítara combada pasarían desapercibidos. Además, Calia siempre podría venderle la lira a su actual mecenas, un miembro del consejo ciudadano de Eusebia a cuyos hijos le está resultando imposible enseñarles el bello arte de tañer este delicado instrumento.

Cuenta la leyenda que Heracles era un excelente arquero, pero completamente incapaz de utilizar ningún otro instrumento de cuerda; sin embargo, como el joven Heracles era un aristócrata que había nacido en la culta Tebas, sus padres se vieron obligados a contratar a alguien que pudiera enseñarle. Para tan ardua labor eligieron a la mejor persona disponible, un hombre llamado Lino de Tracia, que disfrutaba del mismo talento musical que su hermano Orfeo —el mejor músico jamás conocido—, lo cual no es de extrañar, ya que sus padres eran Apolo y Calíope, la más importante de las musas.

La propia Calia ha interpretado algunos de sus lúgubres cantos funerarios, conocidos como *linoi* en honor de Lino, que perdió trágicamente la vida en acto de servicio; es decir, cuando, desesperado por la torpeza de su aprendiz para producir un sonido afinado, le golpeó la cabeza lleno de frustración, y Heracles, igualmente frustrado, pasó de destrozar la melodía a destrozar a su maestro asestándole un potente lirazo (lo cual, y no solo desde la perspectiva de una profesional de la música como Calia, tampoco le tuvo que sentar nada bien a la lira).

Desde luego, sus actuales aprendices no poseen la musculatura ni el temperamento del joven Heracles, pero seguro que lo superan en ineptitud musical. Los dos niños no son capaces de afinar una sola nota ni de lejos, y su hermana no es mucho mejor. Además, la niña está a punto de alcanzar la adolescencia y tanto su apasionada mirada como la intensidad de su tañido le hacen sospechar a Calia que se está tomando los versos de Safo de Lesbos de una manera demasiado literal como para que la maestra se sienta cómoda.

Así que ahora, mientras desenvuelve su nuevo instrumento con manos ligeramente temblorosas, Calia se dice a sí misma que ya se ha relajado lo suficiente en el agradable remanso de paz de Eusebia. Al igual que ella, el lutier que ha fabricado su nueva lira también ha decidido que su talento necesita una clientela más amplia y agradecida, por lo que va a recoger sus bártulos y va a trasladar su negocio a Pérgamo. Mañana Calia presentará su dimisión y lo acompañará. De esta forma, al menos, si surge algún problema con su nuevo instrumento no le resultará difícil hablar con el fabricante.

3

ΛΑΝΟΤΡΌΠΙΟΣ – ἈΙ ΠΡΟΕΤΟΙΜΑΣΊΑΙ
(diciembre – los preparativos)

La latifundista

Cae la lluvia en sibilantes láminas plateadas sobre los campos, cubriendo con un velo el monte Cronio. Ífita, resguardada en el pórtico y con los brazos en jarras, la contempla con una mezcla de enfado y alivio. ¡Por fin! Las nubes llevaban todo el mes burlándose de ella: llegaban del mar Jónico espesas y oscuras, apenas dejaban cuatro gotas y enseguida se dispersaban tierra adentro. Ahora, finalmente, ha llegado la lluvia, un intenso aguacero que está empapando el suelo y ablandará la dura corteza de tierra cocida que cubre los campos desde la sequía estival. Por fin podrá comenzar la labranza.

No es que el mes anterior haya sido ocioso. Ya antes de que las Pléyades se escondieran tras el horizonte, los braceros de Ífita habían comenzado los preparativos: las hoces se habían afilado, y una hilera de hombres había recorrido uno tras otro todos los campos y bancales para arrancar las malas hierbas que el verano había dejado tras él. Todo lo que limpiaron se cargó en los carros y ahora está amontonado detrás del granero, donde las lluvias ayudarán a descomponerlo en un montón humeante que se mezclará con excrementos animales y humanos antes de devolverlo a los campos convertido en abono. Este es el insalubre origen de los dulces bizcochos y los salados panecillos recién hechos de las amas de casa.

Base de una vasija que muestra la actividad durante la época de labranza.

Después han sacado el arado de madera de encina y le han colocado las clavijas a ambos lados del timón y de la cama. En un extremo del arado está la reja metálica y, en el otro, la esteva de madera a la que se uncen los bueyes. Llevan semanas alimentando a los animales con grano y sacándolos regularmente para que hagan ejercicio, ya que durante la época de labranza terminarán totalmente agotados al final de cada jornada.

Ífita también ha comprobado que el arado de repuesto esté en buenas condiciones, ya que es bastante habitual que un arado termine rompiéndose a causa de la tensión que soporta al abrir la tierra endurecida. Además, tampoco es raro que los vecinos, menos previsores que ella, aparezcan suplicándole que les preste el arado de repuesto; una petición a la que Ífita suele acceder por mera prudencia diplomática, porque bajo ningún concepto les prestaría los bueyes. No desde que uno de ellos le devolviera a las bestias babeando asfixiadas, con marcas de latigazos, agotadas y prácticamente cojas. Lo bueno es que, al ser una época de mucho trabajo en todas las explotaciones, las ingeniosas excusas de Ífita para no prestar los bueyes han logrado que todos acaben captando el mensaje, por lo que ya no se molestan en pedírselos.

Además, los braceros de Ífita han limpiado y desbrozado ya su apreciado bosquecillo de robles, y cada uno de los hombres se ha fabricado, con los palos de mayor tamaño, una rudimentaria maza para ir detrás del arado abriendo los terrones más grandes. Este año la labranza va a ser tardía, por lo que el encargado de la siembra seguirá a los que vayan abriendo los terrones y tras él irá un muchacho armado con una honda: si algún pajarraco cree que se va a comer las semillas recién esparcidas sobre la tierra que acaban de labrar, será él quien terminará en la cazuela. Y es que no son solo las tórtolas y los urogallos los que se acercan a saquear la siembra de Ífita, sino también las gallinetas y las perdices... que por supuesto acaban en la cazuela de los braceros.

A pesar de que la siembra será tardía, Ífita ha decidido arriesgarse con el trigo espelta. Si fuera un año normal se habría decantado por la cebada, aunque se venda más barata, porque el trigo de diciembre se siembra tarde y se recoge tarde y, para que produzca una cosecha parecida a la del que se siembra pronto, se necesita una primavera húmeda y sombría. Y no es que Ífita tenga nada en contra de las flores y los cucos, pero la próxima primavera tiene que ser nublada y lluviosa. Aunque si viniera seca y soleada y la cosecha de trigo fuera escasa, la economía de la explotación no se vería muy afectada, puesto que se trata de un año olímpico y a estas alturas los braceros están tan habituados a exprimir a los turistas como a ordeñar a las cabras. Pues bien, como este año va a ser rentable de todas formas, Ífita ha decidido arriesgarse para que lo sea todavía más.

Esto le recuerda que tiene que comprobar si las cabras siguen produciendo bastante leche, porque a los turistas les encanta el queso de cabra. Algunas de las más jóvenes han disminuido la producción y esto, unido al modo en que mueven el rabo y a la intensidad con la que balan, significa que les ha llegado el momento de criar. Habrá que dejar un periodo de gestación de unos ciento cincuenta días, tras los cuales vendrá el parto y, en primavera, volverán a producir leche con normalidad. Después harán falta otros tres meses para que el queso en salmuera se cure. Pasado ese tiempo, los amantes del deporte olímpico se podrán dar un capricho con un producto de primera. Por algo el queso de Ífita se comercializa con el eslogan: «El mayor manjar desde que Aristaios [el hijo de Apolo] enseñara a hacer queso a la humanidad».

Y hablando de criar... Ífita frunce el ceño al recordar la última conversación que tuvo con su hijo. La semana pasada, el muchacho aceptó su invitación para cenar en casa —lo cual viene a ser una manera educada de decir que estaba tan aterrado que no se atrevió a rechazar la cita— y durante la cena salió el tema de los nietos, que ya había salido antes de cenar y volvió a salir mucho después de que se hubieran tomado los últimos dulces de miel. Pese al relativo aislamiento de la explotación, Ífita se ha pasado los dos últimos meses buscando jóvenes casaderas entre los vecinos y entre sus contactos en Elis y enviándolas a conocer a su hijo en acontecimientos sociales cuidadosamente planificados. Todo ha sido en vano.

Es exasperante. Si Ífita fuera un hombre, escogería a una buena moza de alguna explotación cercana, acordaría con su padre los campos que la novia obtendría como dote e informaría a su hijo sobre su próxima condición de marido. Pero para una mujer todo es mucho más complicado, porque técnicamente el mismo inútil al que está intentando casar es su tutor legal. Y su hijo, por lo general tan sumiso, está mostrando una inesperada cabezonería en todo lo relativo a las cuestiones matrimoniales. Es más, ahora el muchacho ha decidido que quiere irse a Atenas a estudiar filosofía epicúrea, lo cual solo podría ser cierto si el epicureísmo enseñara la importancia de alejarse todo lo humanamente posible de tu progenitor y de las potenciales esposas.

Aunque no todo está perdido. La familia de Ífita mantiene desde hace tiempo una *xenia* con una familia de la Élide que vive en Atenas, esto es, una tradición de hospitalidad que consiste en que, si esa familia quisiera asistir a los Juegos Olímpicos, serían bienvenidos en casa de Ífita, y si alguien del clan de Ífita fuera a Atenas por negocios o por placer, sería alojado en casa de su *xenos*. Se trata de un acuerdo muy conveniente para la ocasión, sobre todo porque Ífita ha estado investigando discretamente y sabe que su *xenos* ateniense tiene una hija que acaba de alcanzar la edad adecuada para el matrimonio. Lo normal sería que una muchacha que vive en Atenas se casara con alguien de allí, pero Ífita cree que tal vez pueda convencer a sus padres de que hagan una excepción con una antigua aliada familiar de su patria ancestral. La muchacha es la menor de cuatro hermanas, por lo que su dote será miserable. Aunque, llegados a este punto, Ífita estaría encantada de casar a su vástago con la hija de un pirata ilirio, con tal de que fuera fértil y le resultara aceptable al quisquilloso de su hijo.

El diplomático

Sentado en su despacho, contemplando los tejados cubiertos de nieve de Pella, Perseo también piensa en el matrimonio. No en el suyo, puesto que el diplomático macedonio lleva ya casi una década viviendo tranquilamente con su regordeta concubina y no tiene ninguna intención de alterar sus convenientes arreglos domésticos. No, no se trata de eso. En lo que está pensando es en el desgraciado matrimonio del rey seléucida Antíoco II y la hija de Ptolomeo II de Egipto.

Hace ya mucho que Macedonia considera un verdadero fastidio que el gran enemigo de la nación, Ptolomeo II, haya colocado a su prole directamente en la línea sucesoria del enorme y poderoso Imperio seléucida. Y es que el rey de Seleucia no tuvo mucho que decir sobre su matrimonio con la hija de Ptolomeo, ya que, tras una larga y complicada guerra con Egipto, se vio obligado a elegir entre ganar una nueva esposa o perder una parte considerable de su reino... Así que Antíoco accedió a regañadientes a divorciarse de su mujer para casarse con la hija de Ptolomeo.

EL PERSEO HISTÓRICO

Perseo nació alrededor del año 310 a. C. en una familia aristocrática y, según el historiador Diógenes Laercio, era amante de la música y las celebraciones. Cuando el rey Antígono II de Macedonia invitó al gran Zenón a su corte, el filósofo envió en su lugar a su discípulo Perseo, que acabó convirtiéndose en uno de los hombres de confianza del monarca. Y eso a pesar de que, en cierta ocasión, el soberano puso a prueba la ideología estoica de Perseo informándole de que sus propiedades de Citio habían sido destruidas; por lo visto, al observar la angustia de su cortesano, Antígono señaló que parecía evidente que sí le importaban las cosas materiales. La última misión que Perseo llevó a cabo para el monarca fue hacerse con el control de Corinto y retenerlo frente a la emergente Liga Aquea. Perseo murió defendiendo la ciudad del ataque de Arato de Sición.

Ni a los macedonios ni a la exmujer del monarca seléucida les gustó el acuerdo. Tampoco parece que Antíoco esté particularmente satisfecho con su esposa actual, ya que, según los informes de los espías macedonios en la corte seléucida, se oyen peleas a gritos en la alcoba real y el monarca pasa todo el tiempo que puede alejado de la capital. Y no es que a alguien que dirige un Imperio que se está hundiendo poco a poco le resulte muy difícil encontrar excusas para no tener que disfrutar de la compañía de su mujer...

En las cortes de los monarcas helenísticos se habla mucho de la posibilidad de que el rey seléucida rompa su acuerdo matrimonial con Ptolomeo y acabe regresando con su ultrajada esposa anterior. Eso es algo que a los macedonios les encantaría, por supuesto, ya que una cosa así no solo sacaría de quicio a Ptolomeo —lo cual, por sí solo, ya merecería la pena—, sino que,

Antíoco de Seleucia en una moneda de la época.

además, las molestas travesuras ptolemaicas se alejarían de Grecia y se centrarían de nuevo en el Imperio seléucida.

Por eso el monarca macedonio ha hecho llamar recientemente a Perseo y le ha ordenado dirigirse a Seleucia. Una vez allí, deberá encontrarse con Antíoco y ofrecerle todo el apoyo de Macedonia si decide cambiar otra vez de esposa. Teniendo en cuenta las complicaciones que conllevan los viajes invernales, cuando Perseo llegue a su destino Antíoco ya estará planificando la próxima primavera. La nueva temporada de campañas militares estará a punto de comenzar, y el monarca seléucida tendrá que decidir si intenta solucionar el problema con los rebeldes secesionistas del este, los difíciles pueblos de Armenia y Anatolia, o —en caso de que opte por volver a su anterior matrimonio— se enfrenta a la ira del contrariado Ptolomeo. La labor de Perseo consistirá en convencer a Antíoco de que su atención debe centrarse en este último.

Las condiciones meteorológicas invernales hacen necesaria una meticulosa organización. Si estuviera en primavera, Perseo simplemente tomaría una barcaza hasta el puerto marítimo de Pella —antes la ciudad tenía un puerto propio, pero ahora es una marisma cenagosa— y viajaría en barco al puerto de Seleucia Pieria, en la desembocadura del río Orontes. En mitad del invierno, sin embargo, la navegación por los tormentosos mares de Jonia es poco más que una forma sofisticada de suicidio, así que el diplomático deberá viajar hacia el este a través del agreste paisaje de Tracia, cruzar el Helesponto en Bizancio y dirigirse hacia el sur por Asia Menor.

Será un viaje largo e incómodo, pero al menos le dará la oportunidad de informar a su regio señor acerca del auténtico estado de la cuestión en lugares como Pérgamo o Ancira, donde se detendrá durante sus viajes. Es bueno que un diplomático de alto rango lleve a cabo un trabajo de campo de vez en cuando, porque nadie quiere ser el portador de malas noticias y los informes que llegan a la corte macedonia tienden a pecar de optimistas. Pues bien, ahora que Perseo va a salir de la capital y a observar las cosas por sí mismo, podrá informar al rey con mayor precisión a su regreso.

Perseo suspira mientras coge una hoja de papiro. Está muy bien eso de que el rey decida que necesita enviar a un diplomático a Seleucia, pero ahora ese diplomático tiene que reunirse con su equipo y ponerse a organizarlo todo seriamente. En primer lugar, tiene que informar a sus ayudantes de lo que deben hacer durante su ausencia; y también tiene que buscar heraldos para que el diplomático pueda mantenerse al día sobre los acontecimientos domésticos, y más heraldos para enviarlos como avanzadilla a las ciudades y reinos por los que pasará de camino a Seleucia. A nadie le gustaría que un delegado de alto rango de una de las grandes potencias helenísticas se presentara en su puerta sin avisar, por lo que Perseo debe darles tiempo para llevar a cabo los preparativos necesarios. Al fin y al cabo, se supone que se trata de una misión conciliadora.

Además, está la cuestión de su séquito. Como representante de Macedonia que es, Perseo no puede llegar exhausto y con el aspecto de un vagabundo andrajoso; necesitará un buen vestuario y el correspondiente personal para mantenerlo en condiciones. También necesitará cocineros para cuando haya que parar por el camino y, sobre todo, un considerable contingente de caballería que lo escolte y se asegure de que no se ve privado de sus bienes o incluso de su vida antes de llegar a su destino. Y de todo esto hay que informar a cada una de las ciudades independientes y a los pequeños reinos por los que vaya a pasar, porque la repentina llegada de un número importante de caballeros macedonios puede producir una impresión equivocada.

Con un poco de suerte todo irá bien. La comitiva diplomática atravesará sin contratiempos Asia Menor dejando a su paso amigos y aliados, y Perseo encontrará al rey seléucida en su capital o cerca de la misma. Por su parte, Antíoco estará profundamente desilusionado con su nueva esposa egipcia y deseando regresar al seno de la familia que se vio obligado a abandonar por motivos diplomáticos.

La siguiente cuestión es adónde se dirigirá Perseo desde allí, ya que Grecia sigue siendo un hervidero de descontento. Si todo va bien con Antíoco, tal vez no sea mala idea atravesar el Egeo y pasar por Atenas y Tesalia en la ruta de regreso. En el fondo, a Perseo le gustaría ampliar su viaje para visitar el Peloponeso un poco más adelante... A pesar de su nueva misión, no ha abandonado por completo la idea de asistir a los Juegos Olímpicos.

La fugitiva

Como en la mayor parte de las ciudades griegas, el consejo ciudadano de Halicarnaso publica frecuentemente avisos en el ágora solicitando cualquier tipo de información que pueda llevar a la captura de algún esclavo fugado. La recompensa por la cabeza de Hermón, por ejemplo, asciende a tres talentos de cobre, pero solo dos si el fugitivo se hubiera refugiado en un templo, del que habría que sacarlo sin ofender al dios que le ha concedido asilo.

Pues bien, delante de la lista de avisos hay un pequeño grupo de personas que escuchan al servicial ciudadano que la lee en voz alta en beneficio de aquellos que no saben leer. Entre ellos, de pie detrás del grupo, hay un muchacho esmirriado, ya casi adolescente. Sus facciones se ocultan bajo un manto con capucha que le permite pasar desapercibido y que al mismo tiempo lo protege del helador viento invernal. De momento no ha habido noticia del aviso que tanto teme ese «joven», algo así como «Tracia, esclava fugada de dieciocho años de edad, de cabello pajizo y con un caballo tatuado en el cuello. Se ha llevado consigo cuarenta dracmas en monedas y también puede ser reconocida por las cicatrices de los latigazos recibidos por su insolencia y su rebeldía». A pesar de todo, Tracia sabe que solo es cuestión de tiempo que se emita ese aviso. Cuando un esclavo desaparece, los indignados propietarios informan de inmediato a las autoridades de la ciudad, que toman una descripción del fugitivo y registran los detalles relativos a la recompensa que quiera ofrecer su dueño. Posteriormente, las listas de esclavos fugados se envían a las aldeas y ciudades de todo el mundo helenístico para que puedan leerlas sus habitantes, que tienden a considerar que encontrar a un esclavo fugado entre ellos viene a ser algo así como que les toque la lotería.

Tracia ha oído hablar de la existencia de «cazadores de esclavos» profesionales, pero su meticulosa investigación ha demostrado que solo se encargan de aquellos esclavos que se hayan llevado una parte importante del patrimonio de su amo antes de darse a la fuga. Ese tal Hermón, según parece, se escapó con un botín de monedas de oro y algunas perlas, y esto podría despertar el interés de algún cazarrecompensas sobrado de tiempo. Además, da la impresión de que el aviso se ha modificado para aumentar la recompensa, lo cual resulta esperanzador, ya que, según todos los indicios, la fuga de Hermón de momento ha tenido éxito.

Aun así, el temor a ser reconocida y enviada de regreso para enfrentarse a la cruel venganza de sus sádicos amos es una sombra que se cierne constantemente sobre Tracia. Una pena, porque, de no ser por eso, sin duda pensaría que está disfrutando de uno de los mejores momentos de su vida. Al principio, los marineros que la ayudaron a fugarse de Atenas se mostraron supersticiosos y preocupados por el hecho de llevar a una mujer a bordo, pero los cielos despejados, los vientos propicios y la fructífera pesca de la anjova terminaron por convencerlos de que los dioses aprobaban sus actos. De hecho, Tracia incluso los ayudó en la captura de la anjova trepando por el mástil como un mono y avisando a los hombres de la cubierta cuando avistaba las oscuras manchas de los bancos de peces bajo las olas.

Para cuando el pesquero atracó en el puerto de Halicarnaso, Tracia se había convertido ya en una especie de mascota de la tripulación, que agradecía su talante jovial —hace semanas que no recibe una paliza— y su buena disposición a echar una mano con todas las pequeñas tareas que son necesarias para mantener en buen estado un bajel en los mares otoñales. Cuando llegaron al muelle, los pescadores mantuvieron una breve conversación y decidieron que lo mejor sería que Tracia ocultara su sexo para convertirse en el sobrino preadolescente de la esposa de un pescadero, una herbolaria de Cilicia.

Ahora Tracia duerme en un diminuto habitáculo encima de una sastrería en la concurrida calle que va desde el templo de Deméter a la necrópolis, situada en el exterior de la puerta oriental de la ciudad. Se trata de una buena ubicación para ir al puerto —una inmensa bahía a cuyo alrededor se alza la ciudad en forma de media luna—, ya que Tracia debe levantarse todas las mañanas antes del alba y dirigirse rápidamente al muelle donde los pescadores descargan las capturas de la noche. A estas alturas, la joven es capaz de distinguir de un vistazo si lo que llevan en la red son boquerones, sardinas o salmonetes, o incluso si hay algún que otro bonito de esos que tanto aprecian los habitantes de Halicarnaso a la parrilla o al horno.

Tracia echa una ojeada al género e informa a su «tío» acerca de sus hallazgos, para que pueda ir a los muelles y comprar las capturas más interesantes del día. Parte del pescado irá a parar directamente a las casas de los más acaudalados, que viven en la colina que se alza entre el teatro y la estoa de Ptolomeo, y el resto lo venderá el pescadero en su puesto del mercado. Tras haber realizado su tarea del amanecer, Tracia pasa a ayudar a su «tía», que le asigna diversas labores, como organizar y secar las hierbas o realizar distintas pociones con ellas, y esto le ocupa casi toda la mañana.

Durante el resto del día, está libre para explorar la ciudad a su antojo. Desde luego, Halicarnaso no es tan grandiosa como lo fue en otros tiempos, cuando la reina Artemisia estaba decidida a convertir su ciudad en la joya de Anatolia. La urbe nunca ha llegado a recuperarse del todo de la dureza con que fue tratada poco antes de que Alejandro Magno la conquistara de manos de los persas, ya que, al darse cuenta de que la ciudad estaba perdida, el comandante persa ordenó quemar buena parte de la misma por despecho. Y tampoco ha ayudado mucho un reciente terremoto de escasa intensidad, que ha hecho que el famoso mausoleo construido hace un siglo comience a mostrar algunas grietas, aunque siga siendo una de las maravillas del mundo.

Una de las cosas de Halicarnaso que más le gustan a Tracia es que la ciudad se encuentra protegida por el reino ptolemaico de Egipto, lo cual reduce el alcance de la Atenas dominada por Macedonia en lo relativo a esclavos fugados y a muchas otras cosas más. Ptolomeo ha beneficiado a la ciudad: ha construido y restaurado muchos edificios municipales, como la estoa que lleva su nombre, y su gobierno es tan liviano que casi no merece llamarse así, algo que le agradecen profundamente los habitantes de Halicarnaso.

En términos generales, Tracia es muy consciente de que su fuga de Atenas podría haber salido muchísimo peor. Tiene un hogar y se relaciona con personas que son agradables con ella, hasta podría decirse que se preocupan demasiado por su bienestar. Y no solo dispone de un lugar donde dormir, sino también

La reina Artemisia inspecciona el mausoleo de su marido.

de todo el pescado que pueda comer. Sin embargo, por muy acogedor que resulte el refugio de Halicarnaso, no es más que algo temporal... Algún día la gente comenzará a preguntarse por qué el muchacho preadolescente sigue siendo imberbe y por qué nunca le cambia la voz. Y al llegar el verano será casi imposible ocultar el caballo que tiene tatuado en el cuello, y esto sin duda la delatará cuando el inexorable aviso de su fuga llegue de Atenas.

Tracia ya se ha fijado en las caravanas de mercaderes que vienen del norte y está pensando en el modo de hacerse con un pasaje en una de ellas para el viaje de regreso. Le gusta el sur de Anatolia, pero echa de menos las vastas llanuras de su tierra natal y el paisaje de las nevadas cumbres de los montes Hemo, que se extienden al norte sobre el horizonte.

El velocista Similo ha llegado al bosque sagrado corriendo a paso ligero desde el anfiteatro y ahora descansa a la sombra mientras contempla el enorme tronco rugoso de un viejo plátano. Se trata de un árbol alto —veinte veces la altura de Similo— y muy frondoso, y los habitantes del lugar le han asegurado que fue bajo este mismo árbol donde Zeus, metamorfoseado en toro, cortejó a la ninfa Europa tras haberla traído del Levante. Así que en este preciso lugar fue concebido el rey Minos.

Hay dos maneras de enfocar esa historia, reflexiona el velocista. Por un lado, podemos verla como el romántico interludio de una pareja de amantes que se ha reunido clandestinamente, antes de que al hombre no le quede más remedio que regresar a su matrimonio sin amor; por otro, podríamos considerar el rapto de Europa como un violento secuestro, y este agradable bosque como el lugar donde Zeus violó repetidamente a su víctima indefensa. La historia depende en gran medida del punto de vista de quien la cuente.

Estas reflexiones sobre la dualidad del mito no hacen sino ilustrar el hecho de que Similo tiene sentimientos encontrados hacia Creta en general y hacia Gortina en particular. Desde luego, no cabe duda de que Gortina es una ciudad impresionante, con sus sólidas murallas, su elevada acrópolis y un estadio con algunas de las mejores instalaciones que haya visto jamás. Ahora bien, hay algo inquietante en la bulliciosa multitud que abarrota el ágora por la mañana, una especie de ansiedad, una ambición, una disposición a seguir adelante sin importar las consecuencias que eso pudiera tener para uno mismo o para los demás... No es que le parezca mal —de hecho, gracias precisamente a una actitud muy parecida a esa, él mismo ha llegado a ser velocista olímpico—, pero Similo se pregunta si se trata de un entorno en el que un hombre querría pasar el resto de su vida, y esta es la cuestión que ha venido a sopesar aquí.

LA CRETA CLÁSICA

En muchos aspectos, Creta se consideraba más griega que la Grecia continental. Muchas de las costumbres y leyes helenas se originaron en Creta, y además se consideraba que era allí donde había nacido Zeus, el rey de los dioses. Durante la época helenística hubo varias ciudades-estado que llegaron a ocupar un lugar preeminente y, entre ellas, la más importante fue Gortina, en la costa meridional de Creta. Pese a que la isla gozaba de una buena situación para beneficiarse del comercio entre Egipto, Grecia y Asia Menor, las constantes guerras entre las aristocracias rivales de las distintas ciudades-estado provocaron una pobreza generalizada entre el campesinado. Fueron muchos los cretenses que se ofrecieron como mercenarios —los arqueros cretenses estaban muy solicitados— y no era extraño encontrarlos en ambos bandos en los conflictos de la época. También hubo quien recogió los bártulos y se trasladó a otros lugares más pacíficos de Grecia y Asia. Algunos desposeídos optaron por echarse al mar, y los piratas cretenses se convirtieron en una amenaza para el comercio internacional hasta que fueron definitivamente eliminados en el siglo I a. C. por los romanos, quienes terminaron por someter a su control la totalidad de la isla.

La visita a Creta comenzó de un modo muy normal. Aunque, bien mirado, el recibimiento que les dieron a Similo y a su séquito al desembarcar en Gortina, en el puerto de Lebena, fue sospechosamente efusivo. El atleta, el entrenador y el masajista fueron llevados a una casa alquilada no muy lejos del anfiteatro, donde los esperaban algunos atentos sirvientes dispuestos a cumplir sus órdenes. Cierto es que Similo era el corredor estrella del acontecimiento principal del próximo festival de atletismo, pero, aun así, las autoridades de la ciudad se habían mostrado muy empalagosas y, francamente, el torrente de adulación y falsos halagos había comenzado a sacar de quicio a Similo.

Los juegos en los que había venido a competir habían seguido el patrón de los montones de acontecimientos similares que se celebraban por todo el mundo helenístico. En primer lugar, se había organizado una procesión hasta el estadio y se habían hecho algunos sacrificios en honor de Atenea, la divinidad tutelar de la ciudad. Después se habían pronunciado los inevitables discursos, pues ahora la ciudad era una democracia y ningún político que aspirara a ser reelegido dejaría pasar la oportunidad de exhibirse ante los votantes, y al día siguiente habían comenzado los juegos propiamente dichos, con gran afluencia de público, no solo porque al asistir honraban a la diosa, sino también porque la excelencia en atletismo y la apreciación de los atletas están entre las características que mejor definen a un heleno, y los cretenses se consideran más helenos que los habitantes de la Grecia continental.

Las competiciones del primer día habían incluido el salto de longitud, el lanzamiento de disco y el de jabalina, y las del segundo día, el boxeo, la lucha libre y el pancracio, que es una especie de mezcla de los otros dos. Posteriormente, se había celebrado el pentatlón, en el que los atletas habían demostrado su versatilidad al competir en cinco de las principales pruebas. Por último, se había reservado un día entero para las carreras de carros, en las que los aristócratas cretenses habían tratado sin descanso de superarse unos a otros tanto en velocidad como en la magnificencia de sus carros y caballos.

Similo ha advertido en estas competiciones aristocráticas una furia y un resentimiento inquietantes, una rivalidad profunda que no presagia nada bueno respecto al bienestar político de la isla. Y es que las luchas partidistas, que no es raro que terminen convirtiéndose en guerras civiles propiamente dichas, son la maldición de la vida ciudadana griega: con mucha frecuencia, una familia bien situada adopta una actitud demagógica y solicita el apoyo del pueblo frente a una casta demasiado poderosa (que es también su rival político). Por su parte, todos los «mejores» —*aristoi* en griego— apoyarán a un líder opositor entre los suyos, y a partir de ahí todo se va complicando cada vez más. Similo no suele prestar mucha atención a estas cuestiones, puesto que normalmente hay una tregua durante los festivales religiosos, incluso entre ciudades en guerra, con lo que puede acudir a las competiciones, participar en la carrera y marcharse cuanto antes hacia climas y lugares más saludables... Con un poco de suerte, llevándose consigo el botín del vencedor. Pero Gortina es diferente.

El estadio, la carrera final, había sido el acontecimiento culminante del festival. La pista era ancha y estaba perfectamente lisa, Similo seguía en plena forma tras su victoria en Alejandría y había ganado con tanta facilidad que incluso pudo detenerse en la línea de meta para ver la lucha por el segundo y el tercer puesto. Después, esa misma noche, Similo había recibido una invitación para cenar en casa de uno de los principales políticos de la ciudad, en la ladera de la acrópolis, y celebrar así su victoria. Se trataba de una reunión íntima y, tras la cena, el velocista y el anfitrión se habían sentado juntos en un balcón orientado hacia el sur, con el Mediterráneo reflejando la luna a lo lejos. Habían vertido vino como libación a los dioses y, a continuación, el político había soltado su discurso: básicamente, Gortina estaría dispuesta a pagar una fortuna para que Similo abandonara su ciudadanía napolitana y se quedara a vivir en la ciudad cretense; de ese modo, el corredor podría inscribirse solemnemente en el registro de Gortina como ciudadano de prestigio y competir en los próximos Juegos Olímpicos como «Similo de Gortina».

Se trataba de una oferta tentadora, de eso no cabía ninguna duda, y el político había sido muy persuasivo. En lugar de vivir exiliado y fuera de su ciudad natal debido a la guerra entre Roma y Cartago, Similo podría regresar a «casa» siempre que lo deseara, y allí podría entrenar en las estupendas instalaciones deportivas de Gortina sin tener que depender de la buena voluntad de los mecenas para disponer de un lugar donde prepararse. Es más,

Similo pasaría de una ciudad en los confines del mundo griego a una en el mismo corazón del territorio helénico: sería mucho más sencillo viajar a las competiciones de atletismo y, entre festival y festival, ya no tendría que andar deambulando por ahí.

Su anfitrión había señalado que ya quedaban lejos aquellos tiempos en los que resultaba casi imposible que un griego transfiriera su lealtad de un lugar a otro, y que, en las últimas décadas, las ciudades de la Grecia continental habían ido perdiendo habitantes poco a poco porque estos dejaban su tierra natal para trasladarse a las nuevas fundaciones griegas de Asia Menor, Egipto y el Levante. A estos ciudadanos los reclutaban los dirigentes de las nuevas ciudades de igual manera que Similo estaba siendo reclutado ahora. ¿Por qué iba a querer alguien arañar su sustento del pobre suelo griego cuando podría tener un terreno fértil a orillas del Nilo o del Tigris? Y, del mismo modo, ¿por qué iba a querer Similo seguir siendo ciudadano de un sitio al que llevaba tanto tiempo sin poder volver? Así como las conquistas de Alejandro habían abierto un mundo nuevo a los emigrantes helenísticos, ¿por qué no debería Similo aprovechar su destreza atlética para cambiar de ciudadanía y trasladarla a un lugar mejor situado?

Y por eso Similo se encuentra ahora sentado en el bosque sagrado sopesando sus opciones. Gortina lo recibiría con los brazos abiertos, pero su ciudad natal vería ese cambio como una traición oportunista; las placas en su honor serían destruidas, y hasta su existencia misma sería borrada de los registros municipales. ¿Cómo pasaría Similo a la historia si aceptara la oferta de Gortina y lograra triunfar en los Juegos Olímpicos? Tal vez sería recordado como un cínico renegado o tal vez como un atleta pragmático... Tal vez, como el mito de Zeus y Europa, su historia dependería del punto de vista de quien la contara.

4

ΜΑΧΑΝΕ΄ΥΣ - ἈΙ ΠΡΟΕΤΟΙΜΑΣ΄ΙΑΙ
(enero – los preparativos)

La novia

Panfilio es el único hijo de un acaudalado armador. Es de buena familia, soltero y extremadamente apuesto —mentón marcado, cabello rubísimo y ojos azules—, pero también es un mujeriego empedernido, asiduo a los burdeles y amigo de las prostitutas callejeras. Además, tiene una excesiva afición por el vino y, cuando se emborracha, se pone agresivo hasta tal punto que su primera esposa solicitó el divorcio a los arcontes de la ciudad. Y eso que no es habitual que las mujeres griegas se divorcien de su marido, ya que la reputación de la esposa rara vez sobrevive al escándalo. La mujer en cuestión debe presentar su solicitud en persona —una de las escasas ocasiones en las que una mujer puede representarse a sí misma ante un tribunal— y, en este caso concreto, el labio hinchado y el ojo morado de la señora desde luego sirvieron para que su argumentación fuera más convincente. Eso, unido a la mala reputación de Panfilio, hizo que la petición de divorcio se convirtiera en una mera formalidad.

Ahora Panfilio está buscando una nueva esposa, y con este fin ha estado tanteando a los padres de Apia y se ha ofrecido a concederle a la familia un préstamo sin intereses para hacer frente a la dote que no pueden permitirse, prometiéndoles que más adelante se olvidaría discretamente de cobrarlo. Vamos, que estaría pagándose a sí mismo la dote de su nueva esposa. En un mundo sensato, reflexiona Apia, no sería necesario tener que recurrir a unos acuerdos financieros tan enrevesados y absurdos. Pero estamos en Atenas, y aquí la cuantía de la dote muestra el prestigio de las partes que intervienen en la transacción. Si a Apia la «regalaran», la reputación de su padre se vería tan perjudicada como la de su nuevo marido.

Aunque está claro que, en el fondo, se trata de una cuestión meramente teórica. En un primer momento, los padres de Apia se quedaron impresionados por la buena apariencia y las conexiones familiares del pretendiente de su hija y se sintieron aliviados de haber encontrado una salida al problema de la dote, pero a sus hermanas no les impresionó tanto la idea... A decir verdad, les horrorizó. En Atenas las mujeres no salen mucho de casa, pero cuando lo hacen se juntan para cotillear, y las tres hermanas no tuvieron que investigar mucho para reunir abundantes pruebas de que, al contrario de lo que había aducido solemnemente, Panfilio seguía siendo fiel a sus viejas costumbres.

Los padres de Apia tienen ganas de casarla, pero desde luego se preocupan por su bienestar y, para alivio de sus hijas, han decidido interrumpir las negociaciones matrimoniales a la espera de una oferta mejor.

Lo cierto es que, pese a todos los defectos de Panfilio como persona, por lo menos vive cerca. Y es que, desde que se interrumpieron las negociaciones con el pretendiente, la madre de Apia ha estado deshaciéndose en elogios sobre lo bella y lo maravillosa que es su patria ancestral de la Élide. Como suele ocurrir con la mayoría de las muchachas de su clase, la educación de Apia ha sido bastante aleatoria. Por supuesto, es una experta tejedora, hasta podría decirse que es particularmente hábil, y sabe leer y escribir y la aritmética necesaria para llevar las cuentas de la casa, pero la verdad es que nadie se ha preocupado nunca de enseñarle geografía y lo único que sabe de la Élide es que de allí procede su familia, que está lejísimos y que, algunas veces, vienen desconocidos de la remota ciudad-estado y se alojan en su casa.

LAS ESPOSAS EN LA GRECIA ANTIGUA

En algunas ciudades griegas, las novias llevaban una corona de espárragos como advertencia para el novio de que la mejor parte de la planta se encontraba protegida por espinas, y esta ambivalencia resume bien el papel de una esposa griega. Como administradora de los asuntos domésticos, no cabe duda de que la mujer era capaz de hacerle la vida imposible al marido si así lo quería, pero lo cierto es que, en última instancia, se encontraba totalmente sometida a su esposo (en su obra *Lisístrata*, el comediógrafo Aristófanes da por hecho que los maridos azotaban habitualmente a sus esposas). Tampoco ayudaba mucho a la situación de las mujeres que el marido les doblara la edad, ya que las novias tenían que casarse poco después de la menarquia, por lo general entre los quince y los dieciocho años, mientras que los hombres solían contraer matrimonio a los treinta. La casa era el territorio de la mujer, pero no debía aventurarse mucho fuera de sus dominios y, si lo hacía, tenía que cubrirse con un tupido velo y un manto.

Ahora mismo hay otro huésped de la Élide en casa, y la madre de Apia está sospechosamente ansiosa por contarle a su hija todo lo que sabe sobre los orígenes de su familia. Por lo visto, la Élide es un lugar muy antiguo y sus habitantes aparecen mencionados ya en los poemas homéricos. Y también es un sitio pacífico, ya que la ciudad-estado se las ha arreglado para escoger el bando correcto en todas las grandes revueltas políticas que han azotado Grecia a lo largo de los últimos siglos.

Por otro lado, parece que la Élide no está tan lejos como Apia creía: solo hay que ir hasta Corinto y después cruzar en barco el golfo del mismo nombre para llegar al mar Jónico, tras lo cual prácticamente se alcanza el destino. Resulta que el recorrido es tan sencillo que su visitante solo ha tardado diez días en realizarlo, y eso a pesar de las inclemencias del invierno. La ciudad en sí, Elis, es espléndida, con una enorme ágora rodeada de templos. El templo de Afrodita tiene una impresionante estatua de la diosa hecha de oro y marfil, y al otro lado del mercado hay un templo de Apolo que es igual de asombroso. Además, Elis dispone de un gran hipódromo y de un teatro que llega a rivalizar incluso con el de Dioniso en Atenas, así que la ciudad-estado disfruta de todos los pertrechos de la civilización.

La verdad es que no es muy difícil darse cuenta de adónde quiere llegar su madre con todo esto, y por eso Apia ha estado observando con atención al *xenos* de la Élide que se aloja en su casa. Como era de esperar, su nuevo huésped es demasiado educado como para visitar o dejar que su mirada se detenga demasiado tiempo en el gineceo —los aposentos femeninos—, pero Apia ha podido verlo varias veces entrando o saliendo de la casa. El hombre no es un Apolo, eso está claro: es un tanto bajito, moreno y un poco regordete, y además tiene un aire inquieto y seguramente le suden las manos.

Aunque lo cierto es que nada de esto resulta particularmente catastrófico, ya que las hermanas de Apia le han garantizado que

Escena familiar.

la belleza física queda relegada muy pronto a un segundo plano en un matrimonio. Lo primero que necesita una esposa es que el marido sea atento, después que sea generoso con el presupuesto doméstico y, por último, que tenga una ocupación que lo mantenga casi siempre fuera de casa. Probablemente tienen razón —se dice Apia apesadumbrada—, pero ¿y si no puede entender ni una palabra de lo que diga su cónyuge? Eso sí que sería un inconveniente, porque el pueblo de la Élide es célebre por su barbarismo fonético, es decir, son unos *phonobarbari*. Su ciudad tal vez se haya aferrado a los preceptos más elevados de la civilización helénica, pero su manera de hablar el griego está más cerca de los guturales gruñidos de los romanos, los ilirios y el resto de los bárbaros que de los suaves tañidos del ateniense. Y no es solo porque los habitantes de la Élide sean dorios, ya que la mayor parte de los pueblos del Peloponeso son miembros de esta tribu griega. El dialecto dórico tal vez sea notablemente distinto del jónico ateniense, pero a los espartanos, por ejemplo, se les entiende muy bien, a pesar de su pronunciación abierta de las vocales y la monotonía de las consonantes, no como a los de la Élide.

Apia nunca lo admitiría ante sus padres, pero más de una vez se ha dirigido a escondidas al piso de abajo para escuchar algún retazo de conversación entre el huésped y su padre. Su progenitor viaja a veces a la Élide para atender los negocios de la familia, pero es evidente que incluso él, que está más acostumbrado al acento, tiene problemas para entender el significado que se oculta tras los rebuznos de su invitado. La mera idea de que algún día pueda tener hijos que hablen como bárbaros hace que Apia se estremezca. A pesar de su exilio de Atenas, probablemente se reunirá alguna vez con sus hermanas para las celebraciones familiares... ¿cómo va a soportar la humillación de que sus parientes escuchen hablar así a sus hijos?

Y lo cierto es que, por lo visto, estas son sus dos únicas opciones: vivir en Atenas con el bestia de Panfilio o vivir alejada de la familia y los amigos en la extraña y literalmente incomprensible tierra de la Élide. Desde luego, ser la cuarta hija es toda una maldición, y aún es peor el hecho de que ni siquiera con dos opciones tan odiosas vaya a ser ella quien elija, sino sus padres.

El constructor

Una vez concluida la negociación para el uso de sus bueyes, el campesino abandona la oficina de Metón y el arquitecto apoya suavemente la cabeza sobre su escritorio. ¡Nueve meses! Es ridículo... Nueve meses pueden ser suficientes para que nazca un niño, o para que Perséfone habite en el mundo de los vivos antes de regresar al Hades con su esposo... ¡pero nadie ha construido nunca un templo en nueve meses! Solo hay que fijarse en el templo de Zeus Olímpico, que comenzó a construirse en Atenas hace dos siglos y medio, en el 520 a. C. Allí la construcción ha ido avanzando a ritmo constante, solo se ha visto interrumpida por alguna que otra guerra o peste ocasional, y los constructores esperan tenerlo operativo a lo largo de los próximos doscientos años, siglo más, siglo menos. Así es como se construye un templo.

El emisario de Ptolomeo, sin embargo, se había mostrado inflexible: si el nuevo templo de Serapis no estaba abierto a los fieles antes de los próximos Juegos Olímpicos, el faraón retiraría los fondos, así de sencillo. La cuestión era si Metón sería capaz de construir el templo en ese plazo por mucho que el coste no fuera un problema. Lo lógico sería pensar que no, y de hecho varios constructores rivales habían rechazado inmediatamente el encargo porque los astutos egipcios insistían en imponer unas obligaciones contractuales tan rigurosas que, si un constructor llegara a finalizar su templo pasada la imposible fecha límite, terminaría pagándolo él mismo.

Y es que hay una anécdota sobre Cares de Lindos que le quita el sueño a Metón. Cares fue un famoso constructor que recibió del pueblo de Rodas el encargo de erigir la colosal estatua que, en la actualidad, es una de las maravillas del mundo. El diseño original tenía una altura de cincuenta codos (unos veintitrés metros), era enorme y monumental, pero no insólito. Entonces, el pueblo de Rodas le preguntó a Cares si podía construir algo el doble de alto y convertir así la monumental estatua en una capaz de impresionar a los pueblos de todo el mundo conocido. Y por supuesto Cares aceptó, y agregó de inmediato que, al doblar el tamaño de la estatua, era natural que su tarifa también se doblara. El problema residía en que la proporción entre materiales y altura para este tipo de estatuas es exponencial, y no lineal, por lo que Cares tuvo que pagar una cantidad de materiales ocho veces mayor que la necesaria para una estatua de cincuenta codos. Hace poco que otro constructor ha finalizado el proyecto, porque Cares, humillado y en bancarrota, se suicidó sin terminar la estatua.

Quizá se trate de un relato apócrifo, pero la moraleja es muy real, y ningún constructor excepto Metón ha querido asumir los considerables riesgos que puede conllevar la construcción de un templo a semejante velocidad. Y la única razón por la que Metón ha estado dispuesto a asumir el riesgo es porque lleva bastante tiempo trabajando en la zona de Olimpia y conoce bien el lugar, lo cual le otorga una ventaja añadida. Pocos saben, como él, que el monte Skafidi, cerca de la pequeña ciudad de Pheia, tiene un promontorio donde sus habitantes erigieron un templo a Posidón, el dios de los mares. Y que, por alguna razón, al hijo de Crono no le gustó el templo y, nada más construirse —tras un largo decenio de obras—, fue destruido en un abrir y cerrar de ojos por el dios de los terremotos, quien envió un breve pero intenso temblor de tierra que, sin embargo, dejó casi intacto el resto de la ciudad. Los habitantes de Pheia captaron la indirecta y no trataron de reparar el templo, sobre todo porque el terremoto lo había destrozado hasta tal punto que habría sido necesario reconstruirlo prácticamente por completo. Y desde entonces los restos del edificio, rechazados por el dios para el que se levantó, llevan décadas desmoronados sobre la hierba.

Este dato anecdótico de la zona le vino a la mente a Metón tras haberse visto obligado a rechazar las exigencias egipcias por considerarlas sencillamente imposibles. En cuanto recordó el templo en ruinas, sin embargo, se dirigió rápidamente hasta el lugar donde se encuentra para evaluar sus posibilidades. Por suerte, Pheia es la ciudad portuaria de Olimpia y el representante de Ptolomeo estaba ya allí realizando los preparativos para embarcarse de vuelta a casa, por lo que Metón pudo interceptar al emisario y plantearle su proyecto de reubicar y reconstruir el edificio en ruinas transformándolo en el nuevo templo de Serapis.

Como de otro modo su misión habría sido un fracaso, el agente de Ptolomeo se mostró más que dispuesto a considerar el plan. Aun así, ambos estuvieron de acuerdo en que Posidón era un dios muy celoso que mostraba cierta inclinación a la destrucción absoluta, por lo que decidieron no hacer nada hasta que quedara claro que la divinidad no tenía ninguna objeción ante la retirada de su templo abandonado y su subsiguiente ocupación por una nueva deidad. Posidón no está bien representado en la Élide, donde sobre todo se rinde culto a Zeus, su divinidad tutelar, y a su esposa Hera, pero hay un espléndido templo consagrado al dios marino en Tainaron, una pequeña península al sur del Peloponeso. Y hasta allí enviaron un heraldo Metón y el agente ptolemaico para que expusiera sus planes y preguntara si la propuesta resultaba aceptable para el dios.

Al cínico constructor no le sorprendió descubrir que a Posidón no le importaría liberar los materiales de su antiguo templo si a cambio recibía algunos costosos rituales en su honor. Además, otro pago igual de elevado por parte de los egipcios pudo calmar también los escrúpulos religiosos de los sacerdotes y del consejo de la Élide, y eso que el consejo se compone de quinientos miembros —Metón aún se pregunta cuánto costó convencerlos a todos—. De lo que no hay duda es de que todo esto ha llevado su tiempo, y el tiempo es la única cosa que no pueden proporcionarle los egipcios.

Por suerte, al precio que está la piedra labrada es bastante habitual que las ruinas se reutilicen en las nuevas construcciones, por lo que la propuesta de Metón no tiene nada de revolucionaria. Sin ir más lejos, cuando gran parte de la sagrada acrópolis ateniense fue destruida durante las guerras médicas, los habitantes de la ciudad emplearon sus ruinas como materiales de construcción para su nuevo y más grandioso diseño, dotando a los edificios que habían sobrevivido de una función renovada dentro del nuevo proyecto. Metón, por lo tanto, tiene algunos precedentes de su parte, un encargo de los egipcios y un templo para que lo ocupe el dios en Olimpia, si bien el templo en cuestión se encuentra en el lugar equivocado y está hecho trizas y en estado de total deterioro. Ahora, lo único que debe hacer es lograr que los materiales del templo sean transportados hasta Olimpia para volver a montarlos en tiempo récord.

Naturalmente, al estar la región ocupada por griegos de la tribu de los dorios, la arquitectura del templo era de orden dórico. Y si antes Metón prefería el estilo dórico por motivos económicos, ahora está encantado de que el antiguo templo se construyera en este orden más simple, porque en un templo dórico hay menos elementos susceptibles de sufrir daños y aquellos que los hayan sufrido serán más fáciles de reparar. Pongamos por caso el capitel de una columna dórica, un simple cilindro de piedra que cumple la función básica de sustentar la viga cuadrada del arquitrabe de la cubierta: si la columna o el capitel llegaran a sufrir algún daño, estos podrían repararse fácilmente mediante una acertada adición de polvo marmóreo mezclado con hormigón, sobre todo porque las columnas van a pintarse de todas formas. Si los capiteles hubieran sido de estilo corintio, habrían tenido una decoración floral de hojas talladas en la piedra de la parte superior, y alguno de ellos podría haberse roto al derrumbarse la columna y habría necesitado reparaciones tan caras como lentas.

Otra ventaja que facilita la reconstrucción del templo es que, de todas formas, en el mundo helenístico estos edificios suelen

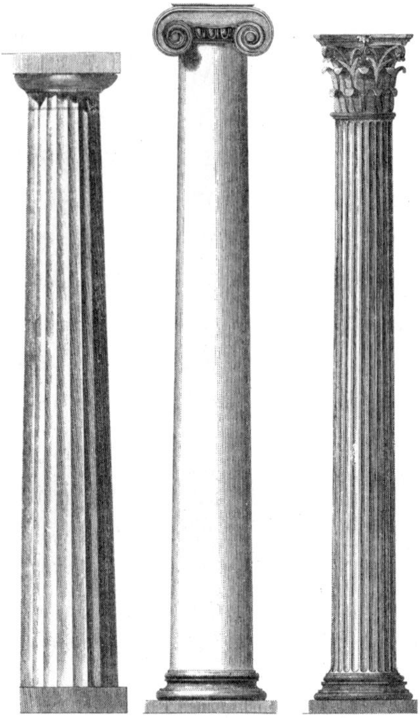

Columnas de los templos griegos. De izquierda a derecha: dórica (acanalada), jónica y corintia.

llegar por piezas para su posterior montaje. En las canteras de las que se extrae la piedra, sin embargo, se construyen secciones enteras de los mismos, lo cual es bastante lógico, ya que, si se van a enviar los sillares pétreos a una distancia considerable, es normal asegurarse de que van a encajar cuando lleguen a su destino.

Así, las columnas del peristilo de un templo —una columnata cubierta que rodea un espacio determinado— llegan en forma de tambores de piedra que deberán montarse uno encima del otro para edificar las columnas. Cada uno de estos tambores se identifica con unas marcas talladas con cincel en algún lugar que no vaya a verse una vez que esté todo ensamblado, y estas marcas indicarán algo así como «El primer tambor de la columna exterior izquierda», con lo que Metón no tendrá más que buscar entre las ruinas para ver hasta dónde se marchó rodando el segundo tambor de la columna de la izquierda, y así sucesivamente. La base sobre la que se asentaba el templo se encuentra totalmente intacta, y lo único que hay que hacer es extraerla de la tierra, tras lo cual los sillares de piedra se trasladarán penosamente en carro de uno en uno, para ser asentados sobre los nuevos cimientos que los ingenieros de Metón ya están excavando en Olimpia.

Entre Pheia y Olimpia hay una distancia de unos doscientos diez estadios (unos cuarenta kilómetros) y la práctica totalidad de las piezas del templo deberán repararse y reconstruirse antes de la consagración final. Y habrá que superar todos estos retos en el plazo de nueve meses, algo que puede lograrse si se cuenta con suficiente mano de obra y no hay límite de fondos. Lo único que tiene que hacer Metón es asegurarse de que efectivamente se haga, porque si llegara a fracasar, no solo acabaría con su buen nombre, sino también con sus planes de jubilación.

El mercader

Alejandría estará en Egipto, pero es una ciudad griega de cabo a rabo (aunque puede que la creciente población judía no opine lo mismo). Se trata de una ciudad joven, ya que fue fundada por Alejandro Magno hace más o menos un siglo, aunque él nunca llegó a verla en su máximo esplendor, porque, nada más ordenar su fundación, prosiguió con sus conquistas y terminó falleciendo en Babilonia, en las lejanas tierras de Oriente.

Ahora bien, pese a que Alejandro no volvió a ver Alejandría, Alejandría sí que volvió a ver a Alejandro, y lo sigue haciendo todos los días. Tras la muerte del conquistador, el cuerpo fue enviado a su Macedonia natal para la celebración de un funeral de Estado, pero lo cierto es que nunca llegó, ya que el padre de Ptolomeo II —tan molesto como su hijo— interceptó el cortejo fúnebre y se llevó el cadáver a Egipto, donde ahora descansa conservado como atracción turística y como recordatorio inequívoco de que el Egipto ptolemaico es heredero de la tradición helenística macedonia.

Para el mercader Sación, los restos mortales de Alejandro no se acercan ni de lejos a la importancia de los restos que Alejandro dejó en otros lugares; en concreto, por toda la ciudad de Tiro, en la costa levantina. Tiro tuvo la insolencia de tratar de resistirse a los ejércitos de Alejandro y, al estar en gran medida rodeada de agua, resultó extremadamente difícil de tomar. Pero lo cierto es que acabó siendo tomada, y Alejandro descargó contra Tiro toda la frustración que le causó por haber frenado el curso de su conquista durante casi un año.

Antes de que Alejandro la dejara reducida a cenizas, escombros y cadáveres, la orgullosa Tiro había sido el puerto comercial más importante del Mediterráneo, el lugar donde los bienes orientales satisfacían la demanda occidental. La ciudad, sin embargo, quedó tan devastada económicamente como en todos los demás sentidos, de modo que los mercaderes de dos continentes tuvieron que buscar otro centro para el comercio que pudiera tomar el relevo. Y Alejandría contaba con una excelente situación para ello. Es más, teniendo en cuenta su facilidad de acceso a las mercancías que llegaban por el mar Rojo, Alejandría contaba con una situación todavía mejor que la de Tiro para convertirse en el epicentro del comercio internacional.

Además de a Tiro, Alejandría también ha sustituido a otra ciudad. Durante siglos, el intercambio de mercancías e ideas entre Grecia y Egipto se había venido realizando a través del puerto de Naucratis, una ciudad costera mitad griega y mitad egipcia. Pues bien, ahora Naucratis se encuentra en caída libre, y no solo por la sedimentación acumulada en el brazo de Canopo del Nilo, que ha limitado la navegación y la entrada al puerto, sino porque Alejandría ha absorbido a los mejores y más ambiciosos comerciantes griegos, entre ellos el mercader Sación y su familia.

Otra ventaja que tiene Alejandría es que se trata de una ciudad planificada, es decir, que no es una fundación antigua que haya crecido sin orden ni concierto a partir de alguna desorganizada aldea primitiva. A los griegos se les da muy bien el urbanismo (aunque algunas antiguas ciudades de Anatolia desmientan su afirmación de que fueron los inventores de esta ciencia), y una de las consecuencias de la meticulosa planificación es que las calles de la ciudad se encuentran ingeniosamente inclinadas para captar la refrescante brisa marina que asciende desde el puerto de Pharos.

Tendido en el jardín de su azotea, Sación aprecia muchísimo esta brisa, ya que desde su regreso río abajo desde Edfú se encuentra bastante indispuesto. Cuando llegó a Alejandría hace unos quince días, celebró su vuelta a la civilización —helénica— con un pequeño simposio, y no se trató de un bohemio encuentro filosófico, sino de un simposio en toda regla. El término «simposio» deriva de las palabras «reunión de bebedores», y efectivamente, la reunión hizo honor a su nombre y Sación bebió con sus amigos hasta bien entrada la noche... Y aún no se ha librado de la resaca con la que se despertó a la mañana siguiente.

Al menos Sación no tiene que ir a Pérgamo a descargar el marfil. En cuanto su barcaza atracó en el puerto fluvial del lago Mareotis, las autoridades religiosas egipcias le «requisaron» toda la carga (a cambio de una generosa indemnización). Parte del marfil se utilizará en el nuevo Serapeión que Ptolomeo está construyendo en Alejandría para su dios, y Sación ha recibido el encargo de transportar el resto a Grecia, donde se está construyendo otro templo de Serapis en Olimpia.

Según parece, el templo griego aún está en construcción, de modo que Sación se ha pasado los últimos días buscando un lugar donde almacenar su marfil —o, más bien, el del Estado—. El marfil es un material orgánico que no puede dejarse simplemente apilado en un almacén cualquiera. Si bien es bastante inmune a los insectos, adquiere enseguida un pálido color amarillento si le da la luz del sol, y además el marfil es higroscópico, algo que debe tenerse muy en cuenta en Alejandría, una ciudad que alcanza niveles extremos de temperatura y humedad. Si no se almacenan bien, en las horas más húmedas del día los colmillos absorben el agua como si fueran una colección de esponjas blancas y curvadas, y esto hace que se hinchen y se deformen. Después, a medida que el aire se vuelve menos húmedo, como en las frías noches del desierto, por ejemplo, el marfil va soltando el agua de manera desigual, por lo que su superficie se agrieta y el producto pierde calidad.

Le ha costado un poco, pero al final Sación ha encontrado un lugar perfecto para almacenar los colmillos en la *naos* del templo de Deméter, a las afueras de la ciudad. En esa estancia central hay una pequeña estatua de marfil de la diosa y, como las ofrendas votivas también se almacenan allí, la sala es segura. La humedad se mantiene constante gracias a una gran crátera de agua, y los sirvientes que regularmente frotan la estatua con una mezcla de aceite de oliva y aceite de almendras han accedido a hacer lo mismo con los colmillos de Sación. Allí, el marfil estará a salvo hasta que el mercader pueda transportarlo al otro lado del Mediterráneo, cuando llegue el verano.

Hasta entonces, Sación no tiene intención de quedarse sin hacer nada y ya está pensando en cómo ocupar el resto del invierno. Un contacto de Bactriana le ha hecho llegar un mensaje comunicándole que está buscando un comprador final para un importante cargamento de seda, que ha salido ya de una estación de paso cercana a Arbela, en la parte oriental del Imperio seléucida [en el Kurdistán actual], y esto puede servirle para calmar los ánimos de los comerciantes de Pérgamo a los que Sación les había prometido el marfil requisado por las autoridades egipcias.

Teniendo en cuenta la inestabilidad por la que atraviesa Mesopotamia, los mercaderes de Arbela pretenden enviar la seda río abajo por el Tigris, y a continuación cruzar el desierto sirio hasta Palmira de oasis en oasis. Posteriormente, Sación tiene pensado recoger la carga en Sidón, donde se alojará en casa de otro mercader hasta que se reabran las rutas marítimas en primavera; entonces viajará hasta Pérgamo con la mercancía y, de camino, podrá renovar los lazos personales con sus contactos.

La ciudad de Pérgamo es un puerto marítimo que se encuentra en la desembocadura del río Caico y, a pesar de estar situada en la misma costa, buena parte de la ciudad se eleva varios cientos de metros sobre una meseta por encima de los muelles. Se trata de una de las ciudades más prósperas del mundo, y es el lugar ideal para que Sación se recupere de lo que sea que haya cogido en el sur de Egipto.

La tañedora de lira

Calia se sienta en un banco de mármol del jardín y desenvuelve cuidadosamente su cítara. La lira tiene sus ventajas. Incluso una de categoría superior como esta puede transportarse fácilmente a cualquier parte y tocarse nada más llegar, a diferencia de otros instrumentos más voluminosos. Ahora bien, eso no significa que todos los ambientes resulten igual de apropiados para una actuación musical, y ahora mismo Calia necesita asegurarse de que la húmeda brisa marina que llega del puerto no haya dañado las cuerdas de su cítara. El cuerpo del instrumento se frota ligeramente con aceite para impedir que la madera absorba la humedad, pero las cuerdas se hacen con tripa de buey y un fino alambre metálico, y no hay manera de evitar que la parte orgánica absorba la humedad del aire.

No es que esto suponga un grave problema, ya que el instrumento se afina en función de las circunstancias, y precisamente una de las cosas que Calia ha venido a hacer aquí es afinar su lira. Este jardín es un lugar ideal para la música. Y no solo porque es precioso, sino porque, como muchos jardines urbanos de Pérgamo, combina estupendamente la función y la estética. Sobre el banco en el que está sentada se alzan un peral y un granado, y en la esquina del patio hay un delicado manzano en una gran maceta; los árboles dan sombra durante el verano, pero también dan fruta, y el estanque regado por una pequeña fuentecilla ornamental contiene una considerable población de carpas que man-

Tañedora de lira profesional con una cítara.

tienen a raya a los insectos y alegran regularmente la mesa a la hora de cenar.

Calia ya ha probado la carpa, y la verdad es que estaba deliciosa. No es de extrañar, porque la clase de personas que pueden permitirse tener una tañedora de lira en su casa también pueden permitirse tener un cocinero de primera. Por supuesto, Calia no cena con su anfitrión; no solo porque no sería apropiado que cenara con los hombres, sino porque, además, ella está allí para ofrecer acompañamiento musical mientras comen.

Cuando se celebra un simposio, Calia arranca con un «espondeo», una melodía de irónica solemnidad que acompaña las libaciones rituales, en las que el vino se vierte en honor de los dioses que los participantes hayan decidido venerar durante la reunión. El mecenas de Calia es un acaudalado mercader, por lo que la divinidad seleccionada casi siempre es Hermes, el dios de los mercaderes y los estafadores, que a menudo suelen ser la misma persona.

Otro motivo por el que ha venido al jardín es para trabajar en un espondeo personalizado que ha compuesto ella misma y, como sospecha que va a tener que cantarlo a menudo, ha escogido una melodía conocida y ha reescrito una versión del himno órfico a Hermes. Su mecenas está organizando para el próximo mes una importante cena con algunos colegas bien conectados, y Calia quiere estar perfectamente a tono para entonces.

Además de en simposios, Calia también va a actuar en acontecimientos musicales más elevados, donde se espera que interprete las mejores composiciones líricas de músicos de la talla de Píndaro, Laso de Hermione y Simónides de Ceos.

Mientras tañe las cuerdas con sus expertos dedos, Calia se detiene de vez en cuando para manipular las clavijas de la parte superior de la lira. Cuando una cuerda se tensa, el tono sube, mientras que al aflojarla baja un tono o dos, pero no más, porque la proporción de metal y tripa de buey de las cuerdas se adapta a la perfección al intervalo esperado y las notas más altas son las más metálicas.

En cierto modo, la tañedora está de acuerdo con Pitágoras, el mismo filósofo que descubrió que, en un triángulo, el cuadrado de la hipotenusa es igual a la suma de los cuadrados de los catetos —Calia se pregunta a veces quién necesitará saber semejante cosa—. Para ella, es mucho más importante otro de sus descubrimientos, el de que la frecuencia de la vibración de una cuerda de lira es inversamente proporcional a su longitud. Aun así, lo cierto es que Calia difiere de la teoría musical de Pitágoras, porque este sostiene que la música es una función matemática y ha organizado sus escalas musicales como una serie de quintas exactas, y puede que esto funcione en las poblaciones del sur de Italia donde él desarrolló su teoría, pero Calia sabe por experiencia que la música tiene un *ethnos*, una cultura tribal.

Pitágoras creía que la música era la expresión acústica de las matemáticas y que, por lo tanto, la música perfecta tendría que agradar a todo el mundo, al igual que la simetría de las alas de las mariposas o los pétalos de las flores. Pero Calia sabe que, sencillamente, no es así, y por eso a los gálatas les gustan las canciones rápidas de base melódica para poder cantarlas (es natural, ya que «melodia» significa «cantar» en griego), mientras que los griegos de Jonia prefieren las composiciones líricas, en las que la música subyacente se basa en el recitado de los versos poéticos de la canción. Si un jonio se pusiera a cantar durante la actuación de un buen músico se arriesgaría a que le lanzaran algo a la cabeza. De hecho, el teórico de la música Aristógenes ha compuesto un conjunto de escalas musicales que se adaptan a cada uno de los *ethnos*, entre ellas la escala lidia, con sus intensas notas, la frigia, con las notas más libres y menos estructuradas, y la dórica, con las notas sobrias y nítidas.

En general, Calia está de acuerdo con Aristógenes y piensa que, en lugar de ajustar sus escalas de la nota más alta a la más baja a intervalos matemáticos, debe afinar su lira atendiendo en parte a la intuición y a la experiencia. El ser humano tiene los cinco sentidos de la vista, el olfato, el tacto, el oído y el gusto, y la lira tiene los «sentidos» de la nota, la duración, la intensidad y el timbre y, al igual que los seres humanos pueden tener buena vista pero oír mal, una cuerda de lira puede tener la intensidad adecuada pero un timbre menos sonoro, por lo que para afinar el instrumento deben tenerse en cuenta los correspondientes puntos fuertes y débiles de cada una de las cuerdas.

Por si esto fuera poco, Calia podría necesitar afinar la lira en función de la ocasión. Ya se han puesto en contacto con ella las autoridades de la ciudad de Pérgamo, que no tienen ninguna intención de dejar que su mecenas se guarde a una tañedora de primera categoría para él solito, y la han contratado para que actúe durante las procesiones religiosas típicas de cualquier ciudad griega. El *prosodion* que interpretará en esas ocasiones exige que su lira esté en armonía con las flautas y los instrumentos de percusión, que la acompañarán tanto durante la procesión como durante los acontecimientos posteriores.

A Calia se le ocurre de pronto que es raro el momento de la vida griega que no esté acompañado de música. De hecho, como dijo Aristóteles, la música constituye una parte tan importante de la vida que la escuchamos constantemente sin darnos cuenta: «El movimiento de las estrellas produce una armonía (...) que se encuentra en nuestros oídos desde el momento en que nacemos, por lo que no somos capaces de distinguirla del silencio, al igual que los herreros están tan habituados a los sonidos de la forja que ya no los oyen».

Eso de que todo lo que está vivo se encuentra rodeado de música le resulta una teoría muy atractiva... Lo que hace ella al tañer las cuerdas en el jardín es, en cierto modo, tomar esas melodías, amplificarlas, descomponerlas y volverlas a hacer audibles para el oído humano.

5

ΔΩΔΕΚΑΤΕ΄ΥΣ – ΤΆ ΠΡΏΤΑ Β΄ΗΜΑΤΑ

(febrero – los primeros pasos)

La latifundista

Sopla el viento del norte, y la desagradable sensación de la ventisca inunda el ambiente. Ífita se dispone a abandonar la calidez del fuego del hogar para revisar los depósitos de cereales del fondo del granero, ya que con este frío los bueyes comen más y ella debe prestar atención a la cantidad de grano que se le administra al ganado y asegurarse de que quede bastante para los braceros de su explotación. En primavera va a necesitar tanto a los hombres como a los animales, pero lo único que puede hacer cualquier ser viviente mientras el gélido Bóreas siga enviando su helado aliento ladera abajo por el monte Cronio es ponerse a cubierto y esperar a que la cosa mejore. Aun así, aunque de momento no sirvan para nada, las bestias seguirán comiendo, al igual que los hombres, que se dedican a pasar el tiempo chismorreando alrededor del fuego de la herrería en vez de estar engrasando los arreos y asegurándose de que todo esté preparado para cuando llegue el duro trabajo de primavera.

Ífita suspira mientras se dispone a abandonar el calor del hogar. Se hace mayor, y los pinchazos del reuma que sufre desde la infancia son cada vez más fuertes; lo cual le recuerda que tendrá que comprarle más poción de corteza de sauce a la herbolaria en el próximo mercado que haya en la aldea. Antes de salir, se arma contra las inclemencias del tiempo con una suave chaqueta de lana de cordero que se hizo de joven, tejiendo lana gruesa con una urdimbre fina para que estuviera más apretada y resistiera mejor el viento. Y los pies, que durante el verano pueden ir tirando con unas simples sandalias, los lleva ahora bien atados con botas de piel de buey forradas de fieltro. Además, se ha recogido el cabello bajo una caperuza impermeable, hecha también de fieltro, con una forma ideal para acomodar sus trenzas enrolladas.

Ya en el zaguán, la granjera examina apesadumbrada los nubarrones negros que cruzan raudos el cielo matutino. Luego descuelga un manto de piel de cabrito cosido con tendón de buey que tiene la parte exterior engrasada con grasa de oca, y, una vez abrigada e impermeabilizada, protegida frente a cualquier inclemencia a excepción de un buen chaparrón, Ífita sale por fin al exterior.

Este es el peor mes del año, cuando la cosecha trata de asentarse en el campo y los ciervos hambrientos salen a hurtadillas de los bosques para destruir los brotes tiernos antes del tardío amanecer. Hasta las gallinas ponen menos huevos, y las ubres de las cabras recién preñadas todavía no se han hinchado de leche. Todos los días, al atardecer, Ífita escudriña el cielo, ansiosa por vislumbrar el regreso de Arturo sobre el horizonte. Ella sabe que cuando salga esta estrella lo peor del invierno habrá quedado atrás, y que con esta primera insinuación de la primavera habrá llegado el momento de podar los frutales y las viñas. Si se dejara la poda para cuando regresaran las primeras golondrinas, las viñas habrían desperdiciado valiosos recursos produciendo nuevos brotes en ramas que se iban a cortar de todas formas.

Al volver de revisar los depósitos de grano, Ífita advierte cierto revuelo en el recinto olímpico. Aún es pronto para que comiencen los preparativos de los próximos juegos, aunque ha tenido que llegar lo más crudo del invierno para que las obras del templo destinado a ese estrafalario dios egipcio hayan dejado de molestar y de hacer ruido. En casa no le esperan más que algunas tediosas labores domésticas, como tejer y arreglar varias prendas de trabajo desteñidas, así que Ífita decide de buena gana satisfacer su curiosidad y dirigirse al recinto para ver qué está pasando allí.

Desde luego es algo importante, porque puede ver los mantos de color de los aristócratas y oír los cánticos de los sacerdotes. Y además hay un montón de operarios que suben algo por el camino hacia el templo de Hera, donde se concentra la mayor parte de la actividad. Los carros de bueyes que han entregado el material aguardan pacientemente en el exterior de las puertas del recinto, mientras los carreteros dejan descansar a las bestias antes de regresar al camino embarrado y lleno de baches que lleva de vuelta a la aldea. Los caminos griegos suelen estar diseñados exclusivamente para el tránsito a pie, por lo que no es raro que el tráfico rodado tenga problemas incluso en las vías más frecuentadas.

Ífita se acerca a entablar conversación con uno de los carreteros. La norma que prohíbe a las mujeres la entrada al recinto sagrado solo se aplica de manera estricta durante los juegos, pero quizá en esta ocasión sea más prudente quedarse fuera, pese a que a Ífita no se le escapa la ironía de que uno de los principales templos de este recinto habitualmente vetado a las mujeres sea precisamente el de Hera, una diosa sin duda femenina que además es la esposa del poderoso Zeus en persona. Y no solo eso, sino que, cada cuatro años, la estatua de la diosa del templo se viste con los nuevos ropajes de lino que le tejen las mujeres de la Élide, puesto que el hecho de que la región sea el único lugar de la Grecia continental donde crece el lino es un indicio de que la diosa les es propicia.

Naturalmente, a las mujeres no se les permite participar en los Juegos Olímpicos. Aunque lo cierto es que a los hombres de la Élide tampoco se les permite presenciar las pruebas de las Heraias, los juegos exclusivamente femeninos que suelen celebrarse dos años antes de la principal competición androcéntrica de los Juegos Olímpicos y que constituyen el único momento en que el recinto es ocupado por mujeres. Ífita nunca ha competido en los Juegos Hereos, puesto que su cuerpo es robusto, poco

Ejemplo de templo dórico consagrado a Hera, en Paestum (Italia).

apto para correr, y los únicos acontecimientos que se celebran son carreras en las que las muchachas —todas vírgenes— compiten con el pelo suelto y una túnica escandalosamente corta. Sin embargo, sí ha participado en ellos en varias ocasiones, ya que, como terrateniente local y vecina respetada, ha formado parte del panel de juezas que seleccionan a las candidatas y controlan los resultados de las carreras. Lo malo de ser jueza en estos juegos es que se espera que una participe en las danzas ceremoniales en honor de las fundadoras de la competición, es decir, en honor de Hipodamía, la esposa del mismo Pélope que da nombre al Peloponeso, y Fiscoa, una mujer de la zona que fue la amada de Dioniso, el dios del vino. Ífita carece por completo de la gracia necesaria para estas danzas y, en su opinión, entre las escasas ventajas que ofrece la viudedad se encuentra el hecho de que ya no tiene que participar en ellas, porque las juezas deben ser mujeres casadas.

Las mujeres pueden acceder al recinto sagrado durante las Heraias porque el templo de Hera es fundamental para el acontecimiento. Nadie sabe con seguridad cuándo se construyó, pero desde luego es antiquísimo, más incluso que los Juegos Olímpicos, y esto se sabe por dos cosas: en primer lugar, porque la estatua de Hera es de un estilo rudimentario muy antiguo que se conoce como *agalma*, y muestra a la reina de los dioses sentada en el trono mientras su esposo, con casco y barba, permanece de pie a su lado; y en segundo lugar, porque los soportes del arquitrabe del templo son pilares de madera, y no columnas de piedra como ha venido siendo habitual en los últimos siglos. Estos pilares son claramente antiguos, y los viejos troncos están tan deformados y agrietados que, en la mayoría de los casos, ha sido necesario colocar estratégicamente algunas abrazaderas de metal alrededor de ellos para que puedan seguir cumpliendo su función. Aunque por mucho que se cuiden los pilares, si la humedad se llega a introducir por las grietas y el interior de la madera se pudre, no queda más remedio que sustituirlos por otros de piedra. En los aproximadamente nueve siglos que el templo lleva en pie, se han reemplazado casi dos terceras partes de los pilares, y los soportes disparejos que han servido para sustituirlos constituyen en sí mismos un testimonio de la evolución de los estilos arquitectónicos a lo largo de la historia.

Ahora mismo están cambiando otro pilar con gran solemnidad, puesto que algo así no ocurre más que una o dos veces cada siglo. De todo esto Ífita se ha enterado por la conversación que ha mantenido con el carretero, que está aburrido de esperar y se alegra de tener a alguien con quien pasar el rato. Pero Ífita tiene cosas que hacer en casa y se despide pensando que, más tarde, tendrá que colarse en el recinto para ver qué tal ha quedado la reforma.

El diplomático

Pasar la tarde en compañía de un dios no es algo que ocurra todos los días y, de regreso en sus aposentos, Perseo ordena a un sirviente que le traiga un vaso de vino para tomárselo mientras reflexiona sobre la experiencia.

La verdad es que los dioses tendrían que tener un aspecto más, cómo decirlo... Más divino. Cierto es que algunas veces incluso el poderoso Zeus se ha disfrazado de mortal para salirse con la suya —normalmente, para seducir a alguna desdichada princesa—, pero si es esto lo que ha hecho Antíoco II Teos, el rey del Imperio seléucida, desde luego se trataba de un disfraz excelente.

El hombre —o el dios— con quien se ha reunido Perseo es un sujeto más bien menudo que ronda la cuarentena, de nariz prominente, ojos hundidos y una expresión como de perro faldero que se ha visto injustamente privado de algún esperado capricho. Las prematuras canas del rey Antíoco se entrelazaban en un elaborado peinado sobre una cinta de seda que fracasaba estrepitosamente a la hora de camuflar la progresiva calvicie del monarca; aun así, pese a sus deficiencias en este sentido, esta cinta de seda tiene una gran relevancia, pues se trata de una «diadema», lo que indica que su portador es un personaje sumamente importante, incluso entre los demás reyes.

Y sin duda este es el caso de Antíoco —Perseo tiene que esforzarse por no llamarlo «joven Antíoco», habida cuenta de que conocía a su padre y de que el monarca al que él mismo sirve, Antígono Gónatas de Macedonia, dobla en edad al seléucida—, porque lo cierto es que, a pesar de su relativa juventud, es el soberano de uno de los mayores reinos que hayan existido jamás, o lo será si logra recuperar el control de las satrapías rebeldes de Partia y Bactriana, que de momento han preferido seguir su propio camino bajo una nueva gerencia.

Desde luego, cabe preguntarse cómo es posible que un hombre que se las ha ingeniado para perder alrededor del 40 % del Imperio de su padre sea considerado un dios. Pues bien, esto es algo que Antíoco debe agradecerle a los habitantes de Mileto.

Mileto es una ciudad helenística que se encuentra situada en la desembocadura del serpenteante río Meandro, en Anatolia. Durante la reciente guerra entre Ptolomeo II de Egipto y los seléucidas, algunas ciudades-estado como Mileto desempeñaron un papel fundamental en la lucha por el control del mar Egeo. En aquel momento, Mileto se encontraba en manos de un tirano y, pese a que en el mundo helenístico este término se refiere tan solo a un gobernante que ha alcanzado el poder por medios poco ortodoxos y que cuenta con el apoyo del ejército, en este caso el hombre era verdaderamente tiránico. Así que los habitantes de Mileto sintieron un gran alivio cuando Antíoco lo expulsó del poder, pese a que no lo hizo por altruismo, sino porque había apoyado a su enemigo Ptolomeo.

A pesar de la victoria, como Mileto se encontraba muy alejado del centro de su reino, en Siria, Antíoco carecía de la potencia militar necesaria para asumir la regencia de la ciudad, por lo que permitió que sus habitantes establecieran un gobierno independiente; lo cual volvió locos de alegría a los ya contentos ciudadanos. Tan complacidos quedaron que declararon oficialmente que Antíoco era una encarnación divina y prometieron construir templos y celebrar juegos sagrados en su honor. Y a Antíoco le gustó tanto la idea que, desde entonces, se ha dedicado a promocionar su culto por el resto de su decadente Imperio, aunque lo cierto es que con escaso éxito.

Perseo está encantado de que el divino Antíoco se encontrara en la capital a su llegada, ya que solo hacía diez días que el rey había regresado de la campaña militar cuando llegó el diplomático. Gracias a esta feliz coincidencia, Perseo ha sido alojado en unos comodísimos aposentos en la ciudadela del monte Silpio, en vez de tener que dormir en una incómoda tienda en medio de algún desierto plagado de escorpiones.

Ahora bien, la razón por la que Antíoco ha regresado a la capital es mucho menos halagüeña, porque el motivo no es otro que su próxima paternidad. Antíoco tiene ya tres hijos varones, pero son de su anterior esposa, la desposeída y furiosa Laodice, que ha sido apartada en favor de la actual esposa del monarca, Berenice, hija de Ptolomeo II e imponente mujer cuya tendencia a la ira sin duda tiene algo que ver con el indeleble gesto de abatimiento del soberano.

Según el acuerdo establecido con Ptolomeo —un acuerdo que Perseo debe socavar para llevar a buen término su misión diplomática—, si el hijo de Berenice fuera un varón se convertiría en el próximo dirigente del Imperio seléucida, y eso haría que las simpatías de ese gran Imperio se inclinaran hacia Egipto y se alejaran de su actual predilección por Macedonia. De hecho, una de las razones de la calurosa bienvenida que el monarca seléucida ha dispensado a Perseo es precisamente que el diplomático le ha recordado la actual conexión de su Imperio con el estado griego, pues ha llegado portando los regalos y las cartas que le enviaba su hermana, la esposa de Demetrio, el futuro heredero de Macedonia.

Mientras permanece en pie junto a la ventana, Perseo toma distraído un trago de vino y contempla desde las alturas de la ciudadela las lejanas barcazas que se desplazan por el río Orontes. Es una lástima que la diplomacia helenística dependa hasta tal punto de la persona y de la personalidad de un monarca... Si una discusión entre hermanos o el tamaño de la dote de una hija pueden causar disputas hasta en las más humildes familias de campesinos, en el caso de los soberanos helenísticos estas disputas no llevan a una pelea a puñetazos en un corral, sino a la movilización de ejércitos y a que ardan ciudades enteras.

Y aún lo complica más el hecho de que los tratados y las alianzas se realicen entre estos reyes y no entre los Estados que gobiernan. Así, si muere Ptolomeo II —y según los informes últimamente no ha estado muy bien de salud—, todos los tratados y alianzas firmados por el monarca serán nulos, de modo que su sucesor deberá llevar a cabo nuevas y penosas negociaciones. Y cuando fallece un rey seléucida su heredero tampoco lo tiene fácil, ya que deberá recorrer de inmediato las distintas partes de su vasto Imperio para que aquellos súbditos de su predecesor que así lo deseen puedan rendirle pleitesía en persona (por lo general, el nuevo monarca se lleva consigo al ejército en estos recorridos, así resulta más sencillo persuadir a los súbditos de que acaten el juramento de fidelidad).

A pesar de todo, lo cierto es que de vez en cuando estas relaciones tan personales pueden reportar beneficios inesperados. Así, Perseo espera con impaciencia el encuentro que ha organizado al día siguiente con otro emisario, que se ha presentado para renovar los lazos personales con el monarca seléucida en nombre del emperador de la legendaria tierra de la India. Macedonia no tiene mucho que ver con la India, por lo que el objetivo del encuentro es sobre todo que los dos emisarios enviados a la corte seléucida puedan satisfacer mutuamente su curiosidad. Y es que Perseo está ansioso por saber más detalles de aquella mítica tierra de elefantes y pavos reales, un lugar tan rico y poblado que ha sido capaz de rechazar incluso a los invencibles ejércitos de Alejandro Magno, mientras que el emisario indio, por su parte, está interesado en las extrañas y bárbaras tierras de occidente y en los pormenores de la cultura mediterránea.

Según parece, este exótico emisario se encuentra a las órdenes del emperador Ashoka, un hombre que se pasó los primeros años de su reinado tratando de unificar bajo su mando el subcontinente indio con una sangrienta campaña militar y que, por lo que se dice, cuando estaba a punto de colmar su aspiración, repudió la violencia y el derramamiento de sangre y optó por la vida de paz y armonía que propone la religión budista. Ahora, con todo el fervor de los nuevos conversos, Ashoka desea llevar su religión tan lejos como pueda... y Perseo espera que su emisario le suelte un buen sermón sobre el tema.

Por lo que sabe, el budismo es una religión sin dioses, y la verdad es que siente cierta curiosidad por ver cómo recibe esta idea Antíoco II, un hombre a quien le gustaría que sus súbditos creyeran que él mismo es un dios.

La fugitiva

Este atardecer, que para el diplomático Perseo marca el final de la jornada, está lejos de tener la misma relevancia para Tracia, la esclava fugada. Ahora mismo se encuentra a varios cientos de kilómetros en dirección noroeste, entre las ciudades de Milasa y Heraclea, sentada sobre un tosco banco de madera mientras trata de ordenar la gran cantidad de hierbas y hojas secas que tiene delante. Antes de que termine de ponerse el sol, debe tener estas plantas clasificadas por categoría y tipo, y llevárselas a su maestra para su aprobación. Luego se quedará trabajando a la luz de un candil hasta bien entrada la noche, moliendo, hirviendo y mezclando las distintas hierbas y dejando que se asienten las pociones para que su mentora pueda revisarlas antes de irse a la cama. Se trata de una labor muy exigente, y a veces Tracia se pregunta si no estará trabajando más que cuando era una esclava en Atenas.

Es una lástima que haya tenido que irse de Halicarnaso. A Tracia le gustaban el lugar y la libertad de ser un golfillo callejero adolescente, aunque siempre había sabido que su estancia en la ciudad era tan solo un alto en su camino. De todas formas, tenía previsto marcharse antes de que llegara la primavera, pero los acontecimientos se precipitaron cuando se le cayó la capucha durante un forcejeo amistoso con un muchacho de su edad, y el caballo que lleva tatuado en el cuello quedó al descubierto. Porque el muchacho no fue el único que lo vio. También lo vieron varios adultos que pasaban por allí... y Tracia salió corriendo al oír el griterío y las preguntas, ya que los tatuajes no son habituales entre los muchachos griegos, pero sí entre los esclavos, fugados o no.

Por suerte para ella, en el mercado en el que se abastecía la esposa del pescadero a la que Tracia ayudaba en algunas tareas había hablado con otra herbolaria, una vendedora ambulante que iba por el ágora de las ciudades griegas recorriendo arriba y abajo la costa de Asia Menor. Esta mujer necesitaba una aprendiz, porque a su anterior discípula el trabajo le había parecido demasiado exigente y se había escapado. Así que, en tres días, Tracia había dejado la ciudad, había recuperado su sexo femenino y se había convertido en la supuesta nieta de la herbolaria

Eudoxia, una arrugada anciana de Frigia con un apetito aparentemente insaciable por el cotilleo y el vino. Y ahora ambas están de viaje con una caravana que, tras haberse provisto de mercancías en las agrestes y exóticas tierras que se extienden más allá de Bactriana, va vendiendo seda y especias por los mercados de Anatolia.

LA HERBOLOGÍA EN LA ANTIGÜEDAD

La medicina en la Grecia helenística consistía en una mezcla de superstición, creencias populares y tratamientos científicos basados en un meticuloso estudio empírico. Y entre estas distintas ramas la más precisa era la herbología, que llevaba más de un milenio experimentando con los efectos de las diversas plantas sobre el metabolismo humano. Estos efectos iban desde el alivio moderado del dolor de cabeza (mediante la corteza de sauce) hasta una muerte rápida (mediante el acónito). Sabemos que, durante el periodo helenístico, llegaban a Occidente hierbas y especias procedentes de tierras tan lejanas como Java, y es probable que entre ellas se encontrara el ajenjo dulce.

Durante el viaje, la herbolaria debe elaborar pociones para arrieros y mulas por igual, y suele enviar a Tracia a recoger hierbas por el camino, encargándole que busque algunas plantas concretas en lugares específicos. La joven ha observado que muchas veces le pide los brotes de color verde oliva de la alcaparra, que la propia herbolaria emplea como remedio para la resaca.

Coger hierbas no es tan fácil, a pesar de que su maestra le haya enseñado concienzudamente el tipo de planta que debe recolectar. Tracia debe anotar mentalmente el lugar exacto donde ha recogido cada planta y las condiciones que se daban cuando la recogió, puesto que la mayoría de las hierbas solo pueden recolectarse si hace sol, y preferentemente en una ladera o una pradera, de ahí que a veces no pueda ni siquiera ir a por ellas.

En cierta ocasión, Tracia regresaba orgullosa porque, además de las hierbas que le habían encargado, había reconocido las finas hojas verdes del hinojo marino y había cogido un buen ramo, ya que el hinojo es un buen diurético y ayuda a prevenir la flatulencia. Pero luego acabó descubriendo, para su decepción, que esta planta solo es realmente eficaz si se recoge a finales del verano, cuando pueden extraerse los aceites de las semillas, y sus inútiles plantas terminaron en manos del cocinero de la recua de mulas, ya que el hinojo salado y levemente hervido va muy bien para preparar un aliño.

Si quiere seguir con su carrera de herbolaria, Tracia no solo deberá aprender a distinguir de un vistazo las cerca de quinientas plantas medicinales que crecen en la región. Además, deberá conocer los usos de cada una de ellas y saber reconocer las aproximadamente ochenta plantas que se parecen a las que tienen propiedades medicinales, pero que son venenosas en ma-

Médico trabajando.

yor o menor medida. A grandes rasgos, aproximadamente una de cada diez plantas y arbustos de la región tiene un uso culinario o medicinal, y a veces puede utilizarse para ambas cosas. Incluso con los escasos conocimientos que tiene ahora, Tracia sabe que los paseos por el campo nunca volverán a ser lo mismo para ella.

Un tanto malhumorada, aparta una ramita de viborera, un ingrediente fundamental en las cataplasmas para el reuma. Según parece, la muchacha está destinada a convertirse en herbolaria, le guste o no, y se pregunta si no hubiera podido elegir una profesión más relajada como tapadera. Aunque lo cierto es que el oficio tiene sus ventajas, porque es habitual que las herbolarias procedan de lugares exóticos —muchas son tracias, capadocias o frigias—, y además suelen llevar un velo o un manto debido al secretismo de su profesión.

En este sentido, no es raro que alguna tímida clienta pida un filtro amoroso, que la maestra de Tracia elaborará con una mezcla de ciclamen y mandrágora servida con vino. Si la poción tuviera éxito, después podría venir alguna joven todavía más tímida buscando el brebaje elaborado con *Daphne oleoides*, que sirve para evitar el embarazo. Incluso podría acercarse algún tipo insinuando que necesita acónito —«Para... en fin... pues para envenenar a un perro»—, y a ese tipo se le diría que no volviera jamás, ya que una herbolaria que estuviera en posesión de esta mortífera planta podría ser considerada cómplice de asesinato en caso de que se utilizara de forma indebida.

Por lo general, proporcionar hierbas tiene consecuencias, y son muchas las razones por las que una herbolaria podría preferir no ser identificada de inmediato, algo que a Tracia le viene de perlas.

Aun así, era mucho más divertido clasificar y mezclar las hierbas en el patio trasero de su tía adoptiva de Halicarnaso. La vieja Eudoxia está empeñada en trasmitirle décadas de conocimiento y no tiene ningún interés en limitarse a proporcionarle refugio a una esclava fugitiva. Es más, aunque la anciana es conocida por su afición al cotilleo, no ha querido saber nada acerca de la procedencia de su discípula. Lo que sí hace es tomarse un vaso de vino barato de Icaria tras otro hasta bien entrada la noche, mientras le cuenta a su joven aprendiz largas historias un tanto inconexas sobre su infancia y su familia de Frigia. Tras verse obligada durante varias noches a escuchar esas anécdotas, Tracia se ha dado cuenta de que su mentora le está enseñando a inventarse un pasado por si las autoridades llegaran a preguntarle alguna vez por sus orígenes. Puede que la anciana herbolaria finja ser una ignorante cuando le conviene, pero desde luego no tiene un pelo de tonta.

Esta noche, Eudoxia va a probar las pociones de Tracia y las encontrará poco satisfactorias, por lo que la joven tendrá que prestar atención a los fallos cometidos en la elaboración de las distintas pociones. Su maestra tiene mucha paciencia cuando ella comete un error y le explica muy bien cómo debe proceder para rectificarlo, pero si Tracia comete el mismo error por segunda vez, se lleva una buena reprimenda, además de un golpe en los tobillos con el nudoso bastón que utiliza la anciana para desplazarse. Algunas veces, después de una mala noche, Tracia regresa cojeando a su tienda mientras se pregunta cómo pudo escapar la primera aprendiz de Eudoxia, si ella a duras penas puede andar.

Mañana se levantará al despuntar el alba para recorrer el acantilado del otro lado del camino, donde sopla la brisa salada del mar. Allí, en las grietas de las rocas al abrigo del viento, seguro que crece ruibarbo sirio, cuyo consumo es bueno para las úlceras, las hemorroides y el estreñimiento. Además, en las laderas encontrará camedrio, que se emplea como decocción para el dolor de riñones, y solo cuando haya recogido bastantes plantas en su cesta de mimbre podrá sentarse y disfrutar de un pedazo de pan con queso, mientras espera a que la alcance la recua de mulas.

Entonces le mostrará las hierbas recolectadas a su maestra, que sin duda le dirá que esas plantas no estaban en los lugares adecuados... O que las ha cogido a una hora inapropiada... O que ni siquiera están lo bastante maduras. Luego, Eudoxia le enseñará algunas muestras de lo que debería haber recogido y le indicará dónde debería haberlo recogido y si se le ha escapado alguna hierba particularmente valiosa, y Tracia tendrá que saltarse el almuerzo mientras se apresura a compensar su omisión. La tarde la pasará observando cómo hace Eudoxia los preparativos con las hierbas y aprendiendo sus usos y sus mezclas, y al anochecer, la joven aprendiz hará los deberes y repasará todo lo aprendido.

Los días se pasan volando, y algunas veces Tracia se pregunta por qué cuando le pegaba su ama de Atenas sentía rabia y resentimiento, mientras que ahora, cuando Eudoxia le propina un doloroso golpe en las espinillas, lo único que siente es remordimiento por haberle vuelto a fallar a su maestra.

El atleta

El velocista Similo no está casado, aunque, de estarlo, la relación con su *gymnastes* —su entrenador personal— seguiría siendo más estrecha que la que pudiera tener con su esposa. De hecho, como más de una mujer de atleta ha descubierto con indignación, no es extraño que sea el *gymnastes* quien decida cuándo y con qué frecuencia puede mantener relaciones sexuales con su marido.

Lo cierto es que esto no siempre ha sido así. Según se dice, hubo un tiempo en que los atletas ni siquiera tenían entrenador.

Se bañaban en ríos o manantiales y acostumbraban a dormir en el suelo o sobre lechos fabricados con la paja que ellos mismos recogían del campo. Se alimentaban de pan de cebada o de pan ácimo hecho con trigo sin tamizar y, después del ejercicio, se ungían con aceite de olivas silvestres.

LOS GIMNASIOS GRIEGOS

Pocas cosas son más útiles para identificar el carácter griego de una ciudad que sus gimnasios. Es natural, ya que a muchas otras culturas mediterráneas les daba reparo la desnudez pública, algo típico de este tipo de instalaciones. A diferencia de los gimnasios actuales, que suelen ser espacios cerrados llenos de deportistas sudorosos, la versión griega solía ser un lugar al aire libre discretamente protegido por árboles y por edificios que servían de vestuarios o baños. En los gimnasios, al menos en los atenienses, se reservaban unas horas por la mañana para que los niños en edad escolar pudieran utilizar las instalaciones para el ejercicio, la lucha y los estudios académicos. Los griegos creían que la mente debía ejercitarse junto con el cuerpo, y por eso los gimnasios también eran frecuentados por filósofos y profesores de retórica. Así, a Sócrates le gustaba pasarse el día en el gimnasio discutiendo con cualquiera que estuviera por allí, y un discípulo suyo llamado Platón convirtió su gimnasio favorito en un lugar de aprendizaje tan importante que, en la actualidad, el nombre de estas instalaciones, la Academia, se relaciona más con el ejercicio intelectual y cultural que con el físico.

Más tarde, hará unos cuatrocientos años, apareció el aguafiestas de Epicarmo de Sicilia y decidió que la habilidad innata de un atleta podía mejorarse en gran medida a través del entrenamiento y la preparación. Y como prueba de ello estaba Dromeo de Estínfalo, un corredor de fondo que, por lo visto, arrasó en todas las competiciones en las que participó, ganando una y otra vez los Juegos Píticos, los Ístmicos y los Nemeos gracias a que empleaba la injusta técnica de entrenarse para los mismos. Además, Epicarmo incluyó mucha carne en su dieta, a diferencia del

Luchadores en acción.

resto de los atletas, que hasta entonces habían tenido que conformarse con queso fresco recién hecho.

Por eso hoy en día a nadie se le pasa por la cabeza participar en los Juegos Olímpicos sin haber completado antes un extenuante régimen de entrenamiento. Por suerte, la mayoría de las habilidades necesarias para competir en atletismo se asemejan en gran medida a las que necesita un guerrero para la batalla, y cualquier asentamiento con pretensiones de ciudad dispone de un gimnasio para que los hombres puedan entrenarse. La palabra «gimnasio» viene a significar «hacer ejercicio desnudo», por lo que las mujeres suelen tener prohibida la entrada a las instalaciones; como siempre, Esparta es una excepción en este sentido, pues los espartanos aprecian la buena forma física de las jóvenes tanto como la de los muchachos.

Al haber declinado la oferta de convertirse en ciudadano cretense, lo más probable es que, cuando se retire de la competición, Similo tenga que trabajar como entrenador residente en algún gimnasio parecido al de Lindos, donde se ha instalado por el momento. Y es que las ciudades se deshacen en halagos con los ganadores olímpicos, pero tienen poca memoria, y abundan las historias de antiguos campeones ya mayores que van por ahí renqueando, vestidos con mantos harapientos y prácticamente olvidados por sus conciudadanos. La mejor manera de evitar semejante destino es firmar un lucrativo contrato de entrenador con un gimnasio antes de que se cierna sobre uno la posibilidad de la retirada, y son muchas las ciudades que acogerían sin dudarlo a Similo como entrenador jefe de su establecimiento más prestigioso.

Similo ha leído a Platón —en parte porque su entrenador cree que la buena forma física y la lucidez mental van de la mano— y ha observado que incluso el gran filósofo mencionaba ya a varios famosos campeones que se convirtieron en entrenadores. Además, Platón tenía presentes las enseñanzas de Epicarmo de Sicilia, por lo que afirmaba que un régimen de entrenamiento riguroso era fundamental para lograr el éxito deportivo.

Ahora que está considerando este segundo oficio, Similo no solo presta atención a lo que le dice su *gymnastes*, sino también al modo en que lo dice. Un entrenador personal de primera categoría —y por supuesto Similo solo contrata a los mejores— no se limita a presentarse con una serie de ejercicios, sino que prepara un régimen de entrenamiento tras haber llevado a cabo un meticuloso estudio del estado físico y mental del atleta al que entrena. No es raro que un atleta comience a entrenar después de haber sufrido varias lesiones anteriores, y esto es algo que un buen entrenador tiene en cuenta, de modo que trata de fortalecer las zonas dañadas en lugar de agravar las lesiones.

En resumidas cuentas, un buen entrenador debe dominar algunos elementos muy concretos de la fisiología, la biología humana, la ergonomía y la medicina deportiva. La recompensa es considerable, ya que nadie subestima el papel que un buen *gymnastes* desempeña en la victoria de un atleta. Así, en los poemas épicos en honor de los vencedores de los Juegos Olímpicos, el gran panegirista Píndaro también mencionaba con frecuencia al entrenador; es más, son muchos los atletas que se aseguran de que el papel de su *gymnastes* se refleje adecuadamente en las inscripciones conmemorativas. En fin, que los atletas no son los únicos que compiten por alcanzar la gloria.

Similo acaba de llegar al *xystos*, la parte del gimnasio reservada para su entrenamiento, y observa apesadumbrado que su entrenador ha pedido que formen, con arena de río, una larga línea de unos dos palmos de altura. Es evidente que hoy el entrenamiento se va a centrar en la resistencia y el control de la respiración, y que Similo tendrá que correr una y otra vez por la arena en la que sus pies se hunden irremediablemente hasta que esté exhausto. Es un cambio considerable respecto al entrenamiento de cuerpo entero que llevaba ya cuatro días practicando, en el que el *gymnastes* lo ha obligado a hacer sentadillas, flexiones y pesas ligeras, para terminar con una larga sesión de natación por el río. Si el entrenador sigue el plan habitual, dentro de cuatro días pasará al entrenamiento de velocidad, que es cuando Similo practicará para la competición en unas condiciones lo más parecidas posible a las reales.

El único consuelo en el que piensa Similo mientras recorre la larga línea de arena por enésima vez, maldiciendo entre gruñidos, es que hoy su entrenador le permitirá tomarse una jarra de vino adicional después de cenar. Las carreras sobre la arena le hacen sudar intensamente, y su *gymnastes*, como la mayoría de los entrenadores, cree que las toxinas del vino se eliminan del cuerpo a través del sudor.

Y es que, aunque parezca que su entrenador es un sádico que solo quiere dejarlo agotado, Similo sabe que en realidad estará observando atentamente el color de su piel, su respiración y su coordinación mientras corre, y que tan pronto como se altere el ritmo constante de sus movimientos el entrenador hará un descanso; eso sí, que se prepare si el *gymnastes* llega a pensar que está fingiendo... Similo podrá hacer una pausa, pero después los ejercicios serán el doble de intensos.

Hay dos cosas que motivan a Similo a mantener el ritmo durante estas durísimas mañanas: por un lado, está su profunda convicción de que necesita hacerlo si quiere tener la más mínima oportunidad de alcanzar la gloria olímpica; por otro, al igual que si estuviera dándose martillazos en el dedo del pie, está lo bien que se siente al parar. La *apotherapia,* es decir, el momento después de entrenar, resulta agradable incluso para alguien que no sienta un profundo alivio mientras su cuerpo se recupera con rapidez; pero es que para alguien que sí lo sienta —y Similo definitivamente lo va a sentir—, se trata de una experiencia casi divina.

Así, tras una serie de ejercicios respiratorios diseñados para eliminar la tensión del corazón, Similo se tumbará en una fría mesa pulimentada y el masajista le retirará toda la suciedad y el sudor del cuerpo con una pequeña herramienta curva llamada «estrígilo», y a continuación le dará un intenso masaje destinado a aliviar la tirantez y las contracturas musculares, que lo dejará tan suave como una muñeca de trapo. Después del masaje, Similo se dirigirá tambaleante hasta los baños que están junto al gimnasio, para disfrutar de un largo y somnoliento descanso en la sala de vapor; tras lo cual se meterá en una bañera de agua fría y terminará con un refrescante chapuzón en el recodo del río. A esto seguirá un almuerzo tardío con mucha fruta fresca y hortalizas crudas, frutos secos y un buen trozo de jamón ligeramente salado, y después Similo se retirará a su tumbona para pasar un par de horas tomando el saludable sol de la tarde.

Por último, y poco después de que oscurezca, se acostará —solo—, ya que su entrenador es de los que piensa que, cuando un atleta no está entrenando, debe estar descansando o durmiendo, porque si le queda energía para cualquier otra cosa es que no se está esforzando lo suficiente durante los entrenamientos.

6

‴ΕΥΚΛΕΙΟΣ - ΤΆ ΠΡΏΤΑ ΒΉΜΑΤΑ
(marzo – los primeros pasos)

La novia

Dicen que un contrato debe ser un pacto de voluntades, en el sentido de que una parte tiene algo que la otra parte desea, y la primera está dispuesta a entregárselo a la segunda conforme a los términos establecidos en el mencionado contrato. Dicho de otro modo, la doncella Apia es el objeto del deseo de Calípides de la Élide y, si pueden acordarse los términos, su padre está dispuesto a entregársela (aunque a Apia le parece más bien que su padre no es que esté dispuesto a entregársela, es que está tan desesperado por hacerlo que resulta patético).

Al parecer, la cuestión de con quién iba a casarse Apia se resolvió por sí sola cuando Calípides regresó de improviso a su casa un día que las hermanas de Apia se encontraban de visita. Como creían que no había nadie, las cuatro jóvenes estaban bailando alrededor de la fuente del patio, y no precisamente un baile antiguo, sino el *cordax,* una danza propia de los actores de la comedia más vulgar que consiste en dar vueltas, menear el trasero de forma obscena, mover las caderas y palmearse los muslos, todo ello acompañado en esta ocasión de la algarabía y las carcajadas de las participantes.

Calípides, cuya entrada había pasado desapercibida entre el griterío general, se había quedado en silencio junto a la puerta sin poder creer lo que estaba viendo, hasta que una de las hermanas lo vio y todas salieron corriendo entre risas a esconderse en sus aposentos. Esa misma noche, Calípides informó al padre de Apia de su ferviente deseo de casarse y de que los detalles de la dote podían considerarse un mero tecnicismo.

LOS METECOS ATENIENSES

Atenas contaba con una numerosa población de extranjeros que acudían a la ciudad atraídos por las posibilidades comerciales que ofrecía («meteco» deriva de *meta-oikos*, «el que cambia de casa»), y algunos de ellos vivían allí durante generaciones. Al llevar tanto tiempo residiendo en Atenas, desempeñaban un papel reconocido en la vida ciudadana, algo lógico si tenemos en cuenta que los metecos constituían aproximadamente una cuarta parte de la población no esclava. Los metecos eran casi siempre griegos, aunque también había un pequeño porcentaje de fenicios y egipcios, y su estatus era muy diverso. Había desde antiguos esclavos —la práctica totalidad de los esclavos eran de fuera de Atenas— hasta mercaderes extremadamente acaudalados. Los metecos tenían que pagar un tributo adicional por el privilegio de vivir en Atenas y, según parece, los que se dedicaban al comercio se enfrentaban a una mayor carga fiscal. Por otro lado, no podían ser propietarios de tierras, ni formar parte de un jurado, ni desempeñar ningún cargo público, si bien disfrutaban de idéntico acceso a los tribunales que los ciudadanos atenienses y estaban obligados a realizar el servicio militar.

Bueno, no del todo, porque —como Calípides había explicado a sus anfitriones un tanto avergonzado— su madre poseía un carácter bastante fuerte y, si no regresaba a la Élide con al menos una cuantía simbólica, se iba a llevar un buen rapapolvo maternal a su llegada. Además, todo el mundo sabe que una buena dote redunda en el interés de la novia tanto como en el del novio, si no más. Para empezar, no es que el ansioso pretendiente de Apia necesite dinero con urgencia: es evidente que cualquiera que pueda permitirse pasar un año sabático en Atenas estudiando filosofía no anda precisamente escaso de fondos. Por otra parte, si el matrimonio no saliera bien y Apia se divorciara o enviudara, la dote le sería devuelta y le serviría de escudo para protegerse de este mundo cruel. Y no es que la muchacha tenga nada de lo que preocuparse en ese sentido —le asegura Calípides al padre de Apia—, porque, si a él le pasara algo —que los dioses no lo quieran—, ella tendría garantizado un hogar con su nueva suegra.

Esta futura suegra a la que ni siquiera conoce constituye ya un motivo de preocupación para Apia, aunque solo sea por el considerable temor que detecta en su hijo cada vez que se refiere a ella. Sea como fuere, sus hermanas se han encargado de mitigar en cierto modo sus dudas, puesto que le han asegurado que tener un marido habituado a recibir órdenes de las mujeres de su casa es algo que presenta considerables ventajas. Así las cosas, todo se reduce a la cuantía que el padre de Apia esté dispuesto a pagarle a este extraño de la Élide para que le quite de encima a esta hija sobrante.

En cualquier caso, es necesario ofrecer una dote de cierta importancia, ya no como requisito legal, sino como obligación social. Porque también existe la creencia generalizada de que el tamaño de la dote de una mujer es un reflejo de su lugar en la casa y de su subsiguiente influencia en los asuntos familiares. Como norma general, la dote de una mujer debería ser de alrededor del 10 % del patrimonio total de su marido, aunque todo el mundo sabe que eso es algo inalcanzable en el caso de Apia.

Por otra parte, con el matrimonio de Apia el entorno de Calípides consolida el vínculo entre ambas familias, la de la Élide y la de Atenas. No es que a Calípides le importen mucho estas cuestiones, pero el padre de Apia es consciente de que la imponente madre de su huésped podría estar interesada en tener como aliado a un conocedor del mundo de los negocios ateniense (por si, por ejemplo, quisiera encontrar una lucrativa salida para los excelentes quesos de cabra de su explotación).

En cualquier caso, el padre de Apia desea que el matrimonio salga adelante, sobre todo porque Calípides ha anunciado su intención de permanecer en Atenas para proseguir sus estudios al menos hasta que termine el verano, lo cual significa que su hija vivirá cerca y que su familia podrá ayudarla en la transición a la vida de casada.

Tras la declaración de intenciones del huésped, Apia se ha mantenido a la espera mientras sus padres revisaban con sumo cuidado las finanzas de la casa y llegaban a un acuerdo. Concretamente, si su familia materna lo permite, su dote va a ser la que su madre aportó a su propio matrimonio: un fino conjunto de adornos de oro y piedras preciosas que ha permanecido intacto dentro de una caja fuerte en la alcoba matrimonial duran-

Preparativos nupciales.

te las tres últimas décadas. Más adelante, en años venideros, la dote será sustituida por otra, ya que el padre de Apia se está haciendo mayor y su madre va a necesitar la suya si llega a quedarse viuda.

Calípides ha mostrado un leve desdén en relación con todo este asunto, seguramente no porque desprecie la dote, sino porque se trata en gran medida de algo que beneficia mucho más a Apia que a él mismo. La joven casadera, por su parte, sabe que así su familia se compromete con el bienestar de su hija y mantiene su prestigio entre los metecos. Calípides ha explicado que, personalmente, él se conformaría con poder casarse con la muchacha que tanto le ha impresionado, aunque al decirlo le ha dejado un poco desconcertado la feroz reacción de su futura suegra, que ha empezado a hacerle preguntas: ¿no era Platón quien quería abolir las dotes de las mujeres porque el hecho de contar con ese respaldo hacía que la esposa fuera menos servil en el matrimonio? ¿Qué andaba buscando el joven de la Élide, una compañera o una mera concubina?

Naturalmente, Calípides no tiene ni la menor idea de que el principal escollo en esa unión tan ventajosa para ambas familias es su «bárbaro» acento de la Élide. Apia se ha dado cuenta de que, como huésped decoroso que es, Calípides no ha tenido el atrevimiento de hablar con su prometida (aunque sospecha que los movimientos de su trasero sí los ha tenido muy presentes). Así que el joven ignora por completo lo que la muchacha siente por él, y esto parece causarle no poca ansiedad. El padre de una novia tiene la responsabilidad social de asegurarse de que el prometido de su hija sea un buen esposo, dispuesto a tratarla como es debido, de modo que, si la muchacha se mostrara infeliz con su pareja, sus padres no quedarían bien. En teoría, la novia no tiene absolutamente nada que decir acerca de con quién se casa, pero todo el mundo sabe que, cuando se trata del matrimonio, la teoría y la práctica no van siempre de la mano.

Tiempo. Hasta ahora, Metón nunca había pensado en el tiempo como si fuera un enemigo, porque, por lo general, en el mundo griego la construcción es algo que se toma con mucha calma. Hasta ha oído hablar de un constructor de la isla de Delos al que las autoridades locales le dieron más de cuatro años de plazo solo para pavimentar un tramo de suelo que además era bastante pequeño. Y el famoso Partenón de Atenas, que se construyó rápido porque se disponía de todos los recursos del Imperio ateniense, tardó algo más de quince años en completarse. Metón tiene un templo que construir y le quedan poco más de siete meses para hacerlo.

Ya va retrasado, porque es imposible levantar un templo así como así, aunque se trate más de una reconstrucción que de una construcción en sí misma. Debe contar con los obreros y los materiales necesarios, y solo obtener los recursos humanos e inanimados al mismo tiempo, y organizarlos cuando lleguen, es una labor que exige una enorme paciencia y un esfuerzo sobrehumano.

Sin ir más lejos, está el caso de los carreteros: Metón creía que iba a poder contratar a los campesinos locales para transportar los enormes sillares de piedra de un templo a otro, ya que esto es lo que ha hecho siempre y nunca ha tenido problemas, pero claro, tampoco había intentado conseguirlo nunca a principios del invierno, cuando todos los bueyes en kilómetros a la redonda son necesarios para la labranza. Casi había llegado el solsticio de invierno cuando pudo comenzar el transporte de la piedra... y aun teniendo los bueyes, era una labor lenta y complicada. Lo normal es transportar la piedra por tierra en julio y agosto, cuando los caminos, aunque estén plagados de baches y pedruscos, al menos no son unos traicioneros cenagales con cuestas de lo más resbaladizas por el barro y el lodo. Han sido necesarias diez o quince yuntas de bueyes para trasladar cada uno de los sillares de piedra de los cimientos, y todas han tenido que ser arrendadas a algún avaro campesino por el camino. Todavía ahora sigue llegando poco a poco la piedra, a un ritmo de uno o dos sillares al día.

Aun así, las piedras fundamentales del templo están ya colocadas en su sitio. Esas enormes piedras talladas han sido dispuestas en una base meticulosamente excavada que Metón ya tenía preparada para tal fin, y se han unido entre sí mediante abrazaderas de metal protegido con plomo. Posidón, el causante de los terremotos, ya ha destruido este templo una vez, y el experimentado arquitecto está decidido a que la estructura reconstruida se lo ponga difícil si se le ocurre volver a intentarlo.

El montaje del basamento podía hacerse con mano de obra no cualificada. Sin embargo, para la siguiente fase, Metón ha tenido que enviar a sus hombres en busca de una tropa de obreros especializados. Antes siquiera de que se hayan colocado las primeras piedras, hay que traer los andamios y preguntar a los obreros cómo se van a colocar en su sitio los sillares. Y los artesanos de la Élide deben empezar ya a elaborar las nuevas tejas cerámicas para la cubierta del templo, porque las del edificio viejo o están rotas o se las han llevado los vecinos más espabilados. Además, se necesitarán herreros para fabricar más abrazaderas de refuerzo, que son las que mantienen unidos los sillares pétreos, así como herrajes de bronce, que se colocan en la piedra para instalar después los frisos decorativos (por suerte, la mayor parte de los frisos contendrán las típicas escenas de caza y vides entrelazadas que cualquier cantero que se precie suele tener en el almacén, y Metón ya ha encargado un conjunto al por mayor en Corinto).

Posteriormente, tendrá que contratar a varios escultores para crear los relieves específicos de Serapis y algunas estatuas votivas. Después, los pintores irán por todo el edificio dando vida a estatuas y relieves, y añadirán los característicos colores vivos que dotan a los templos de identidad propia. Por último, los orfebres y los plateros se encargarán de los acabados de la estatua que rinde culto al dios al que se consagra tanto trabajo.

Los templos constituyen una parte fundamental de la vida ciudadana griega, y por eso siempre hay una población itinerante de obreros que se dedican a construirlos durante toda su vida, trasladándose libremente de obra en obra por Grecia, Egipto y el

Oriente helenístico. Lo único que tiene que hacer Metón es correr la voz de que necesita obreros y decir de qué tipo y cuántos, y poco a poco irán llegando hasta él desde el puerto de Pheia de la Élide.

Por suerte, al tratarse de un templo reconstruido —con un único dueño anterior, pero bastante descuidado—, Metón se ha podido saltar algunos de los habituales trabajos preliminares. Por ejemplo, no ha necesitado contratar a un arquitecto, ya que él mismo lo es, y además su templo venía prediseñado de todas formas. En líneas generales, necesita tres clases de obreros: carreteros y porteadores, artesanos y artistas, y Metón es muy consciente de que una de sus principales ocupaciones consistirá en arbitrar y resolver los conflictos que surjan entre los tres grupos. Puede ocurrir, por ejemplo, que el escultor exija un sillar de piedra rústico, y que el artesano encargado de instalarlo le comunique con acritud que las imperfecciones de la piedra le impiden cumplir con sus exigencias, porque los carreteros, que son unos vagos, han entregado el sillar equivocado, y encima lo han traído tarde, por lo que el escultor tendrá que hacer lo que pueda con él. Y así sucesivamente, día tras día.

Y es que el trabajo de Metón como arquitecto no se reduce a planificar el edificio. En Grecia, un *arkitekton* es más bien un técnico que actúa también como encargado de obra. No es que tenga que tallar él mismo la piedra ni colocarla en su sitio, pero sí debe asegurarse de que los obreros cualificados lo hagan conforme a las indicaciones específicas que estipula su contrato. Al igual que Metón deberá responder ante las autoridades egipcias si su trabajo se retrasa o es una chapuza, los obreros contratados por él cargarán con la responsabilidad si su trabajo no alcanza la calidad esperada o si dañan el trabajo de otro mientras hacen el suyo. Además, como Metón ya ha tenido algunas malas experiencias, ha decidido incluir otra cláusula en el contrato: si algún artesano debe marcharse y, en consecuencia, no puede terminar una obra para la que ha sido contratado, estará obligado a buscar a otro artesano para que lo sustituya.

En cierto modo, los obreros cualificados no suponen un gran problema, ya que, mientras realizan el trabajo, solo recibirán un salario mínimo, y no se les pagará el resto hasta que hayan completado con éxito su parte del proyecto. Lo que consume los fondos de Metón son los *misthomata*, esto es, los salarios de los obreros no cualificados a los que el arquitecto paga todos los días al ponerse el sol. Solo la gran cantidad de carreteros que se necesitan para transportar la piedra ya está agotando los recursos a toda velocidad, y esto es un preocupante augurio de lo que podría venir después.

Aun así, el basamento se encuentra en su sitio, y Metón ha ascendido, literalmente, un peldaño. En efecto, ya ha construido el primer peldaño de la escalera que dará acceso al templo mismo. Es fundamental construirlo correctamente, ya que la curvatura convexa de los peldaños, prácticamente invisible, establece las proporciones matemáticas de todas las superficies horizontales del edificio. Esta curvatura es necesaria porque el ojo humano percibe las líneas rectas prolongadas como si fueran cóncavas, por lo que el edificio debe arquearse sutilmente en la dirección opuesta para que parezca que está recto.

La edificación de un templo es siempre una carrera contra el tiempo, pues debe estar construido antes de que se terminen los fondos disponibles. Y aquí, al lado del estadio olímpico, a Metón le parece bastante apropiado que esa carrera sea precisamente una prueba de velocidad.

El mercader

Un mercader siempre será un mercader, y al pasar por Antioquía después de salir de Sidón, Sación halló una oportunidad de hacer que su viaje a Pérgamo fuera aún más provechoso. Mientras estaba en Antioquía, había llegado una caravana de Oriente que, entre otras mercancías, llevaba pequeñas tinajas de barro llenas de pimienta procedente de la India y varias vasijas de opio procedente de Mesopotamia. Y Sación no dudó en comprar ambas cosas como un lote, ya que conoce a un tratante de Brundisium que puede mover el opio por los mercados de Italia, y la pimienta es fácil de vender en cualquier sitio (es como el oro, pero más sabrosa y mucho menos pesada). El único problema es que estas nuevas adquisiciones, unidas al cargamento de seda que ya llevaba, conforman un surtido de productos carísimos y de fácil transporte que haría ricos de por vida a los miembros de cualquier banda de emprendedores forajidos.

La ruta por tierra entre Antioquía y Pérgamo atraviesa las montañas Antitauro y las agrestes tierras de Cilicia y Caria. A partir de ahí, el trayecto solía ser menos duro, ya que sigue el antiguo Camino Real Persa desde Laodicea a Sardes, y posteriormente desde más allá de Tiatira hasta Pérgamo. Pero lo malo es que, en los últimos tiempos, los célticos gálatas se han asentado en las tierras altas de Anatolia, en los alrededores de Ancira, y se han convertido en un grave problema, hasta tal punto que Eumenes, el gobernante de Pérgamo, les paga para que no arrasen sus ciudades ni sus campos. Por desgracia, nadie ha logrado convencer a los gálatas de que no es justo asaltar las caravanas de mercaderes, e incluso aunque alguien consiguiera convencer a los jefes de las tribus, el mensaje no calaría entre los indómitos jóvenes, que son los responsables de la mayoría de las incursiones.

Por otra parte, ahora que ha llegado la primavera y las peores tormentas invernales no son más que un mal recuerdo, los primeros barcos mercantes comienzan a aventurarse tímidamente por los tramos costeros menos peligrosos del Mediterráneo, y puede que sea seguro viajar por mar. Aunque hay un problema, y es que los forajidos no son algo exclusivo de la tierra, y la costa entre Antioquía y Pérgamo está plagada de forajidos marinos, esto es, de piratas.

La piratería ha sido un problema constante desde que las conquistas de Alejandro derribaron reinos enteros y pusieron patas arriba las vidas de cientos de miles de personas en Asia

Menor y el Levante. Al encontrarse en una situación desesperada, los pescadores, e incluso algunos campesinos que nunca habían pensado en convertirse en hombres de mar, se vieron forzados a dedicarse a la piratería, y la mayoría hallaron la profesión mucho más gratificante de lo que hubieran podido esperar.

Y tampoco ayuda el hecho de que algunos reyes helenísticos, lejos de tratar de acabar con la piratería, la fomenten. Ptolomeo II —cómo no— es el peor de todos, ya que en sus luchas contra los reyes seléucidas no tuvo reparo en contratar piratas como mercenarios filibusteros y arrojarlos contra las costas de Asia Menor argumentando que, al fin y al cabo, la inmensa mayoría de sus habitantes no eran precisamente amigos de Egipto. Por su parte, Antígono de Macedonia tampoco se queda corto, ya que también recurrió a las alianzas con los piratas hace poco, cuando trató de sofocar el intento ateniense de lograr la independencia (lo que se conoce como guerra cremonídea).

Quizá los únicos que realmente quieren acabar con la piratería sean los rodios, puesto que la ciudad-estado insular de Rodas es una nación de mercaderes y, como tal, depende de que las rutas marítimas permanezcan abiertas. Las ciudades costeras de Cnido y Cos también participan en las operaciones antipiratería, y lo mismo sucede con la isla de Delos, aunque esta última bien podría ser tachada de hipócrita, ya que lleva a cabo un floreciente comercio de esclavos y buena parte de los mismos son los prisioneros de los piratas por los que no se ha pagado rescate.

Desde el punto de vista de Sación, parece que sus opciones son arriesgarse mucho a ser asaltado en tierra o arriesgarse igualmente a ser asaltado en el mar, y esto último con el inconveniente añadido de poder morir ahogado. Aun así, el mercader ha optado por fletar un barco desde Antioquía por dos motivos: en primer lugar, porque es mucho más rápido, y en segundo lugar, porque últimamente no se encuentra bien, ya que aún no se le ha pasado el malestar que lleva arrastrando desde Alejandría.

LA PIRATERÍA EN EL MEDITERRÁNEO

La piratería contaba con una larga tradición en el Mediterráneo antiguo, y muchas ciudades como Atenas y Argos se encontraban emplazadas ligeramente hacia el interior precisamente por la amenaza que suponían las invasiones marítimas. No solo se trataba de un oficio en cierto modo tradicional en lugares como la costa de Cilicia, sino que además en ocasiones estaba patrocinado por el Estado, con ejemplos tempranos como Polícrates de Samos o contemporáneos como la reina Teuta de Iliria. Las embarcaciones de la Antigüedad tendían a la navegación de cabotaje y no era raro que vararan por la noche, lo cual hacía especialmente vulnerables a los barcos mercantes, porque las rocosas costas de Grecia y Anatolia están repletas de ensenadas y bahías donde los saqueadores podían estar al acecho. Por otra parte, el rápido crecimiento económico de los estados helenísticos produjo un auge comercial, acompañado del consiguiente aumento del pillaje.

Justo antes de salir de Egipto, Sación sufrió una fiebre alta, acompañada de dolores musculares y náuseas. A duras penas logró recuperarse; de hecho, todavía estaba tan débil como un gatito cuando partió hacia Sidón. Desde entonces ha pasado un mes y parecía que se estaba recuperando sin problemas, pero los síntomas se están agudizando de nuevo y, desde luego, si debe permanecer postrado en cama, es preferible estar en el lecho de un camarote que tener que soportar el traqueteo de una litera en una recua de mulas.

Durante la primera semana todo parecía indicar que Sación había elegido la opción correcta, así que el mercader, mientras pasaban por el rocoso litoral de Caria, daba gracias a los dioses por el mar en calma, los vientos suaves y aquel cielo de un azul

Barco mercante de la época clásica.

tan claro como un huevo de petirrojo. Incluso parecía que estaba remitiendo la fiebre gracias a la límpida brisa marina. Aunque por la noche fondeaban cerca de la costa, el capitán mantenía el barco bastante alejado del litoral durante el día, bien separado de todas las aldeas sin nombre que se encuentran ubicadas en las incontables ensenadas de la costa caria.

Sin embargo, esta mañana, con el cielo tan despejado como de costumbre, Sación ha sufrido un sobresalto al oír que el capitán del barco se ponía de repente a lanzar improperios y a ordenar a la tripulación que largara las velas auxiliares, algo que los hombres han hecho sin dilación. Aun así, tras observar asustado los alrededores, el mercader no ha detectado ningún peligro inminente; había algunas embarcaciones pesqueras entre el barco mercante y la costa, pero ninguna que pareciera amenazadora, y ni siquiera eran lo bastante grandes como para suponer un peligro si intentaban asaltarlos... Es más, dos de las embarcaciones habían recogido las redes y se alejaban lo más rápido posible del barco mercante. Pues bien, precisamente esas eran el problema, según le había explicado posteriormente el capitán mientras navegaban a toda vela en dirección oeste, ya que habían visto un suculento barco mercante y se dirigían a la costa en busca de aliados.

Ya era casi mediodía cuando Sación descubrió a qué se refería el patrón del barco. Primero había visto tres puntos en el horizonte, que se habían convertido a una velocidad alarmante en pequeñas y rápidas galeras de cubierta abierta. Estas embarcaciones, llamadas *aphractes*, no sirven para la pesca ni para el transporte de mercancías, pero resultan ideales para trasladar rápidamente a unos cincuenta hombres hacia un objetivo flotante.

Una persecución es uno de los enfrentamientos náuticos más exasperantes que existen, en gran medida porque no hay nada con lo que evadirse del inexorable destino que se aproxima por la popa. Cuando el velamen se encuentra totalmente desplegado y el barco navega a toda vela, no hay gran cosa que se pueda hacer aparte de apoyarse en la barandilla trasera para ver cómo se acercan remando las esbeltas galeras. Se trata de una experiencia extraña, pues, entretanto, Sación puede comer algo, hablar con sus sirvientes y actuar como un día cualquiera, pero a sabiendas de que en poco más de una hora reinará el caos y su vida cambiará para siempre (eso en el caso de que los piratas decidan tomar prisioneros, porque, de no ser así, encontrará su final allí mismo).

Las galeras piratas van recortando la distancia poco a poco, y Sación, desesperado, ordena a sus sirvientes que se preparen para arrojar la carga por la borda, porque si tiene que perderlo todo prefiere sacrificarlo a Posidón que entregárselo a los piratas. No obstante, el capitán se opone con firmeza a esta decisión. En primer lugar porque, si los piratas se encuentran con que su larga persecución ha sido en vano, se lo harán pagar a los pasajeros y a la tripulación, que sufrirán imaginativas y dolorosas penalidades. Y en segundo lugar, porque aún queda una posibilidad de escapar, ya que la precaución del capitán de alejarse bastante de la costa ha obligado a los piratas a remar con más intensidad y durante más tiempo de lo habitual, mientras que ellos, la presa, han sido bendecidos con un viento favorable. El barco mercante podrá seguir navegando mientras siga soplando la brisa; en cambio, tarde o temprano, los piratas se quedarán sin aliento.

Un grito desde la proa pone fin a esta última esperanza: un miembro de la tripulación se ha percatado de que se aproximan alrededor de una docena de galeras que, al ver el barco mercante, han desplegado las velas y se dirigen directas hacia ellos remando con una intención claramente predatoria. Ahora, seguir huyendo de los piratas de popa significa arrojarse a toda vela en brazos del enemigo de proa.

El capitán está desesperado, a punto de ordenar a la tripulación que pliegue velas y se prepare para rendirse, pero entonces, gracias a su aguda visión, se percata de algo que cambia por completo el escenario: el oleaje de proa que producen los barcos que se aproximan presenta una ondulación característica, y eso significa que tienen un espolón bajo el agua. Esto quiere decir que las galeras que se acercan, tan rápidas y esbeltas como las naves piratas que los persiguen, son *phylakides*, es decir, barcos rodios amistosos que han sido diseñados específicamente para hacer frente a la amenaza pirata.

Los piratas también han visto a los vengadores *phylakides*, así que han comenzado a huir despavoridos de la repentina amenaza en dirección a la costa, entre un considerable desconcierto. Sin embargo, los remeros de las naves patrulla rodias están frescos como una rosa, mientras que los piratas se encuentran ya agotados por la larga cacería del barco mercante. Va a ser una carrera desigual y, animado por su repentino cambio de suerte, Sación se apoya en la barandilla del barco para contemplarla. Esta vez sí que va a disfrutar de la persecución.

La tañedora de lira

Una invitación a un simposio es algo que debe ser gestionado con tanto cuidado como si el heraldo hubiera depositado un gato montés dormido en los brazos del destinatario: tal vez la bestia no sea más que un manso gatito que solo quiere mimos y caricias, o tal vez se convierta en un fiero demonio dispuesto a marcar de por vida a su víctima con sus garras y sus dientes.

Cuando uno está pensando en asistir a un simposio, lo primero —aunque no necesariamente lo más importante— es tener claro quién lo celebra y por qué motivo. Desde luego es un halago que te inviten a una celebración tan importante, ya que esto significa que eres un amigo íntimo del anfitrión; pero también es cierto que, precisamente por el mismo motivo, en caso de declinar la invitación estarías dando a entender que desdeñas su amistad, y además de manera un tanto insultante. Por otra parte, quién asiste a cada simposio y quién se encarga de ofrecerlo es un tema típico de las habladurías urbanas y, teniendo en cuenta las rivalidades y el chismorreo constante de las élites de cualquier ciudad, el hecho de asistir al convite sin duda constituiría una ofensa para los rivales y enemigos del anfitrión, algunos de los cuales podrían ser todavía más influyentes y poderosos que él.

Además, no todos los simposios son iguales. Algunos son reuniones serias en las que se sirve algo de picar y vino mezclado con agua mientras los asistentes se sumergen en las complejidades de

Una flautista entretiene a los invitados de un simposio.

la filosofía moral. En el extremo opuesto se encuentran las fiestas salvajes de los jóvenes aristócratas de la ciudad, en las que hay dos prostitutas por cada invitado, cubos de vino sin aguar, muebles que salen disparados por la ventana y llamadas a los vigilantes urbanos para que detengan una pelea en la sala. En ambas clases de ágape es fácil que algún invitado arruine su reputación, tanto si se tambalea mientras trata de comprender los enunciados estoicos de Crisipo, como si se tambalea cuando las fuerzas del orden lo sujetan con firmeza mientras lo llevan de camino a los calabozos.

Por suerte, hay otro tipo de simposio en el que se reúnen cordialmente algunos hombres de ideas afines con la intención de resolver cuestiones de importancia para sí mismos o para la ciudad, ya sea decidir quién se presentará a las próximas elecciones o cuáles son los términos exactos que debe contener un decreto del consejo ciudadano. O quizá el simposio haya sido convocado porque se ha recibido un mensaje de la isla de Rodas que anuncia la inminente llegada a Pérgamo de un barco mercante con un valioso cargamento de seda, opio y pimienta, y los hombres de negocios de la ciudad quieren organizar una distribución amistosa de la mercancía para evitar las tediosas pujas por el botín, que además pueden reducir los beneficios.

De mutuo acuerdo, el anfitrión —o más exactamente, el simposiarca— será un hombre llamado Epígenes, ya que no solo es uno de los principales comerciantes de la ciudad, sino que su hijo está prosperando en el terreno político y cuenta con el favor del heredero aspirante al trono, el joven Atalo. Además, Epígenes dispone de una excelente bodega, de un cocinero increíble y de una de las mejores tañedoras de lira del oeste de Anatolia para amenizar la velada. Será un acontecimiento selecto, con tan solo unos catorce invitados, aunque, por supuesto, el comedor del andrón de Epígenes —el andrón es la parte de la casa reservada a las actividades masculinas— tiene divanes para acomodar al doble de personas.

La tañedora de lira no podía ser otra que Calia y, algo bastante extraño en un simposio helenístico: será la única mujer presente en el acontecimiento. Las damas de la aristocracia suelen retirarse a los aposentos femeninos en estas ocasiones, pero dejan su puesto en los divanes del comedor a las hetairas. Estas mujeres ocupan una posición destacada en la sociedad aristocrática y muchas veces se encuentran a la altura de los hombres en cuanto a conversación, conocimientos políticos y consumo de vino, aunque también se espera de ellas que ofrezcan servicios sexuales llegado el momento. Pues bien, incluso en una ciudad tan grande como Pérgamo escasean las hetairas y, como los mercaderes no tienen muchas ganas de que su manipulación del mercado esté en boca de todos en otros simposios, en esta ocasión se ha prescindido de las parlanchinas hetairas en favor de la música culta.

Calia no se encuentra presente durante la primera parte de la reunión, cuando llegan los invitados, algunos recién bañados y otros brillantes por el aceite después de haber pasado la tarde haciendo ejercicio en el gimnasio. La tañedora espera en sus aposentos, afinando meticulosamente el barbitón que va a tocar durante la velada; porque será una reunión de negocios, pero sigue siendo un simposio y seguro que se derramará vino por todas partes, y además se va a sentar al lado de la puerta y no faltará algún asistente medio borracho que choque con ella de camino a las letrinas. Así que Calia ha decidido no poner en peligro su preciada cítara en este ambiente tan burdo y tocar el barbitón, un instrumento algo más tosco que resultará más adecuado para la ocasión.

El barbitón tiene un sonido más «erótico», ya que suele afinarse una octava por debajo de la cítara, y sus cuerdas más largas y gruesas son capaces de arrancar notas más graves y melosas de la caja de resonancia, la cual presenta asimismo un tamaño considerablemente mayor. Esto es algo que Calia ha tenido en cuenta, y por eso va a tocar en una clave adecuada para las voces de los hombres, que son más graves. Así podrán cantar el familiar himno que marca el final de la comida y el comienzo de la bebida.

Calia abandona sus aposentos y se dirige hacia el andrón, donde aguarda en la puerta mientras dos esclavos salen con la mesa en la que se ha servido el ágape de la velada. Los divanes están colocados en las tres paredes que miran hacia la puerta, y Calia se colocará en el centro de la estancia, donde antes estaba la mesa, para tañer el barbitón.

Cuando la joven empieza a interpretar el tema melódico, el simposiarca levanta un vaso grande —una cílica—, que un joven esclavo se apresura a llenar con vino. Dos esclavos, los mismos que acaban de salir con la mesa, han traído una gran crátera de vino, que ha entrado en la sala al mismo tiempo que Calia.

Los comerciantes que se reúnen en la sala cuentan con la suficiente formación musical para reconocer la versión que toca Calia del famoso himno a Hermes, el dios de los mercaderes, pero la intérprete entona el canto de forma que todos puedan entender la letra y la música:

Oh, tú, el de aladas sandalias, amigo de la humanidad, que comprendes las palabras de los hombres mortales,
que hablas en nombre de los dioses y te regocijas en la habilidad de los atletas y en los engaños astutos.
Intérprete fluido, maestro del comercio, tú nos alivias de nuestros problemas.
Tu bastón de heraldo es un símbolo de paz irreprochable,
oh, dios de los beneficios,
dios feliz, portador de buena suerte, narrador de historias.
Escucha nuestras súplicas, que nuestras vidas terminen
en paz, bien provistas de recuerdos del buen oficio
y las buenas palabras.

[Himno órfico a Hermes L7-12]

En este punto, Calia hace una pausa y vuelve a las notas del principio para acompañar al simposiarca, que canta el primer verso y vierte un poco de vino en el suelo como libación a Hermes, pasando a continuación la copa al siguiente invitado, que acompaña a Calia con el segundo verso y realiza su propia libación. Y así la cílica va pasando por cada uno de los asistentes, que van entonando por turnos las partes que les corresponden cuando Calia se coloca a su lado, sonriendo para animarlos, cantando a su vez y esquivando con cuidado los riachuelos de vino que se dirigen hacia el desagüe situado en el centro de la estancia (el suelo del andrón está diseñado para soportar una gran cantidad de líquido).

El simposio en sí mismo, es decir, la parte en la que se bebe, ha comenzado, aunque aún prosiguen las conversaciones sobre finanzas, y Calia se sienta en una silla sin respaldo y procura que los protagonistas se dejen llevar a la segunda parte de la velada con un conocido número teatral. Entonces, cuando la parte de la fiesta dedicada a los negocios va perdiendo fuelle, Calia prueba a tocar algunas populares marchas mientras los invitados se van turnando para tratar de improvisar el estribillo. Y después proporciona los efectos dramáticos sonoros necesarios para el juego del cótabo, en el que el último de los asistentes en beber de la cílica común debe hacer girar el poso del vino que ha quedado en la copa y lanzarlo a un objetivo colocado en el centro de la sala. Calia toca una emocionante melodía mientras el bebedor se dispone a lanzar. Si falla, la tañedora produce un sonido plano y desafinado, y si acierta, toca un peán triunfal. En este caso, el lanzador también será recompensado con un aplauso y unos dulces.

Pasada la medianoche, la música adquiere un tono somnoliento y contemplativo, y Calia se dedica a improvisar melodías y a explorar temas tranquilos mientras los huéspedes se van levantando uno a uno de los divanes para dirigirse hacia la puerta. Desde el patio, llamarán a sus sirvientes y se despedirán del simposiarca. En general, reflexiona la tañedora mientras despacha con su música al último invitado del andrón, hay maneras bastante peores de pasar la velada.

7

ἈΡΤΕΜΊΣΙΟΣ – ἈΙ ΔΥΣΚΟΛΊΑΙ

(abril – los reveses)

La latifundista

El trigo de invierno es un cultivo arriesgado, ya que los humanos son los últimos de la larga fila de criaturas que se lo quieren comer. Los problemas comienzan nada más sembrarlo, cuando las aves van detrás de quien lo siembra y el grano que se supone que debe ir a parar a la tierra otoñal termina muchas veces en el buche de una perdiz, de un urogallo o de cualquier otro depredador de cosechas alado. Ni siquiera cuando el cereal está en la tierra se encuentra seguro, ya que el grano puede pudrirse, o los hongos y los gusanos pueden atacarlo sin ser vistos, aunque el campesino inspeccione sus tierras ajeno al hecho de que lo único que van a salir son malas hierbas. Después, en febrero, cuando salen los primeros brotes tiernos, los hambrientos ciervos salen de los bosques dispuestos a devastar la cosecha de nuevo... Y cuando las plantas crecen y se van haciendo más fuertes, las larvas engullen las raíces y los escarabajos de las semillas dejan sus huevos en las nacientes espigas del cereal. Luego está la peor pesadilla de cualquier agricultor: puede ocurrir que, justo cuando la cosecha se encuentre lista para ser recogida, el viento traiga una plaga de langostas que infeste el terreno y acabe con el trabajo de toda la temporada en una sola tarde.

Pero digamos que esta vez el campesino ha logrado evitar todas esas calamidades debido a la buena suerte o a una concienzuda preparación (lo cierto es que en el campo se suelen necesitar ambas cosas). Pues bien, aún deberá enfrentarse a un último problema: una húmeda y morosa primavera que deje paso demasiado pronto a una serena quincena de tiempo soleado, tras la cual vuelva la llovizna... Esto sin duda haría aparecer manchas blancas y polvorientas de moho en las plantas que están creciendo, y cuanto antes apareciera el moho, más tiempo tendría para ir subiendo por la planta y más daños le causaría a la cosecha.

Aun así, el moho solo haría que las plantas produjeran menos granos de trigo y que estos fueran más pequeños; sería mucho peor descubrir que los cultivos están plagados de las diminutas esporas alargadas del cornezuelo, y cuanto más húmeda sea la primavera, más probable será que eso ocurra. El cornezuelo suele afectar a los cultivos con flor, como el centeno, pero es igual de devastador cuando se apodera del trigo de invierno porque, aunque no impide que se produzca la cosecha, un ser humano en su sano juicio tendría que estar absolutamente desesperado para consumir ese cereal, en parte porque el juicio no le duraría mucho: el consumo de alimentos contaminados con cornezuelo provoca fuertes alucinaciones, intensísimos dolores de cabeza y un estado de delirio al que a menudo siguen la gangrena y, finalmente, la muerte. Es normal, por tanto, que las autoridades locales reaccionen con acritud cuando un agricultor permite que una cosecha contaminada llegue al mercado. Y como las esporas del cornezuelo pueden sobrevivir hasta un año en la tierra, se suele obligar a que el terreno se deje en barbecho durante aproximadamente dos años (si es que alguna vez vuelve a haber alguien que quiera consumir la cosecha de ese agricultor).

Ífita es muy consciente de estos peligros y, como cualquier agricultor, hace todo lo que está en su mano para mitigar los posibles daños, tratando de diversificar los riesgos. Los parásitos tienden a elegir víctimas concretas, por lo que una plaga que afecte al trigo será poco probable que afecte a las legumbres, y viceversa. Además, no hay nada como inspeccionar regularmen-

Deméter, la diosa de los cereales, y a la derecha, su hija Perséfone, la diosa del cambio de estación.

te los campos y arrancar sin piedad todas aquellas plantas que muestren los primeros signos de infección.

Aun así, Ífita empezó a tomar precauciones mucho antes de que las primeras semillas llegaran siquiera a tocar el suelo. En primer lugar, distribuyó por los campos la ceniza de la chimenea que había estado recogiendo con esmero el año anterior, ya que la ceniza es un abono natural, pero también resulta excelente para ahuyentar a los insectos: con las primeras lluvias del invierno, la ceniza se transforma en lejía y se diluye, de modo que penetra en la tierra y acaba con las larvas, las esporas y las raíces de las malas hierbas. Posteriormente, antes de la siembra, Ífita hizo labrar la tierra e incorporó el abundante estiércol que sus bueyes y sus braceros habían producido durante el verano, y le añadió la cáscara de huevo bien molida que también había estado recogiendo a lo largo de todo el año, porque sirve para moderar en cierto modo los efectos de la ceniza.

Además, antes de ser esparcidas por la tierra, las semillas fueron cuidadosamente sumergidas en una mezcla de agua de puerros —el puerro se pulveriza con agua u orina, según los gustos— y amurca. La amurca, que es el amargo sedimento acuoso que sale del aceite de oliva después de un largo reposo, es un buen herbicida, pero también sirve para conservar la comida y, si se moja la leña con ella, saldrá mucho menos humo al quemarla. Y además dicen que lo cura todo, desde la gota hasta el reuma, aunque Ífita no acaba de creérselo. En todo caso, ha de admitir que funciona bien para las infecciones cutáneas y para evitar que entren bichos en las semillas.

Una vez sembrada la espelta de invierno, se realizaron los correspondientes sacrificios a Deméter y a las divinidades menores de la cosecha, y todo el mundo libró el sexto día del mes porque resulta nefasto para cualquier cosa que tenga que ver con las plantas. Ni que decir tiene que es importantísimo mantener a Deméter y al resto de los seres sobrenaturales de parte de una, pero Ífita le echó una mano a la diosa de los cereales distribuyendo otras semillas entre los cultivos tan pronto como lo permitieron las últimas heladas del invierno. Así, entre el trigo están saliendo matas de orégano, eneldo, mejorana y también algunos ajos; y es que todas las plantas oleaginosas de sabor fuerte parecen emitir un aroma que ahuyenta al gorgojo y a otras plagas de insectos, por lo que nunca está de más sembrar algunas hierbas aromáticas entre los cultivos.

Sin embargo, como suele decirse, hay días buenos y días malos, y en uno de esos días malos llegó una fuerte tormenta procedente del mar y se levantó un caprichoso vendaval que hacía que el trigo se tambaleara de un lado a otro. Esta vez no fueron las precauciones de Ífita las que salvaron la cosecha, sino las del abuelo de su marido, que fue quien plantó los vigorosos robles capaces de contener el potente viento que se arremolinaba en el monte Cronio, para luego caer con fuerza sobre los cultivos en ráfagas capaces de tumbar por completo los tallos.

Ningún agricultor admitirá jamás que ha sido una buena cosecha hasta que esté recogida, pero lo cierto es que, cuando Ífita recorre las lindes de los campos en busca de roturas en los cercados o de túneles excavados por algún hambriento roedor, ha de reconocer —aunque sea en su fuero interno— que la cosa pinta bastante bien.

A pesar de todo, la espelta sigue dando problemas aun después de haber sido recogida y aventada, y por eso Ífita le ha encargado a un alfarero unas enormes ánforas para almacenar el trigo; unas vasijas de apariencia tosca, pero de excelente factura. Una vez que el cereal se haya introducido en estas vasijas, se sellarán las tapas con arcilla húmeda para hacerlas herméticas, y así, sin viento ni corrientes de aire que puedan disiparlo, el cereal irá soltando lentamente el gas con el aliento de Deméter que es hostil para los seres vivos, incluido el gorgojo y todos los bichos que pretendan criar en lo que de otro modo serían unas condiciones idóneas.

Satisfecha porque los riesgos que ha asumido al sembrar trigo de invierno parecen estar dando sus frutos, Ífita baja hasta los campos de la orilla del río y allí observa con tristeza la devastación que ha asolado a los garbanzos. Y es que la misma primavera húmeda que está engordando las espigas de espelta no ha sido tan generosa con este cultivo invernal: durante una temprana inspección, Ífita vio que las flores de los garbanzos tenían las manchitas moradas que indican una infección del hongo *Ascochyta*, por lo que arrancó de inmediato las plantas del rincón afectado. Por desgracia, aquel vendaval que casi termina tumbando la cosecha de trigo parece haber propagado las esporas de *Ascochyta* por todo el terreno, y desde donde se encuentra, Ífita puede ver que los tallos están débiles y mustios, y que las hojas que antes lucían verdes y saludables ahora amarillean. Los garbanzos van a fracasar sin remedio, y además al caer van a introducir las esporas de los hongos en la tierra.

Ífita se encoge de hombros y ofrece una breve plegaria para dar gracias por que al menos hayan sobrevivido las lentejas. Después de la infección de hongos, en este campo no podrán cultivarse garbanzos durante al menos tres años, aunque esto no tiene por qué ser un problema para las hortalizas de primavera que Ífita pretende sembrar tan pronto como los fallidos garbanzos hayan sido devueltos a la tierra con el arado.

El diplomático

Un mensaje puede ser interceptado y leído, pero un mensajero es más difícil de leer. Por eso la misiva que Perseo está escribiéndole a su rey es más bien un recordatorio para el heraldo, encargado de entregar un informe oral más largo y mucho más exhaustivo. No cabe duda de que la parte escrita del mensaje será interceptada y leída por los espías seléucidas, por lo que la carta que está escribiendo Perseo va dirigida a la corte de Seleucia tanto como a su regio señor de Macedonia.

Perseo mordisquea el cálamo mientras repasa lo que lleva escrito. En primer lugar, ha informado de que el monarca seléucida disfruta de buena salud y parece dispuesto a soportar los rigores de otra temporada de campañas militares, aunque el divino rey Antíoco II aún no ha tenido a bien revelar a sus súbditos contra quién se dirigirán estas campañas. En todo caso, Macedonia no debe temer hostilidades, porque tanto ellos como el Imperio seléucida están decididos a mantener su cordial amistad.

Todo correcto, pero el heraldo que lleve el informe a Macedonia añadirá que, en opinión de Perseo, el rey Antíoco bebe bastante más de lo que debería, y esto no solo le parece preocupante por los posibles daños a su real hígado, sino porque beber en exceso acarrea otro tipo de consecuencias. Todos los miembros de la corte real seléucida son de estirpe macedonia y, como tales, están habituados a beber grandes cantidades de vino en su tiempo libre; pero también son hombres duros y violentos que no toleran el menor atisbo de debilidad en los demás, ni siquiera tratándose de su monarca. Si se considera que un soberano es incapaz de cumplir adecuadamente con sus reales obligaciones, es muy fácil que sufra de improviso una mortífera caída del caballo, un repentino ataque al corazón durante el baño o una estocada directa que le atraviese los intestinos. Para un monarca helenístico, cualquiera de las anteriores formas de morir sería considerada como muerte natural (lo que se consideraría antinatural sería que muriera en la cama de viejo). En resumidas cuentas, que la afición del rey por la bebida es muy poco saludable, y no precisamente por cuestiones de salud.

Y este no es el único motivo que hace poco probable que Antíoco llegue a la dulce vejez, ya que, además, el rey tiene previsto poner fin a su actual e infeliz matrimonio y regresar con su primera esposa, Laodice. Esto no solo enfurecería a los egipcios, sino que además significaría la ruina para todos los miembros de la corte real que hubieran apoyado a Berenice, la actual reina. Por ello, si Berenice diera a luz a un varón —y teniendo en cuenta cómo están las cosas entre el rey y su real esposa, lo raro es que hayan llegado siquiera a concebir un hijo—, los traficantes de influencias que la hubieran respaldado no iban a dejar pasar la oportunidad, por lo que no es difícil imaginar que, en ese caso, el rey pudiera sufrir un mortal accidente antes de haberse divorciado de ella. Si eso ocurriera, Berenice se convertiría en regente mientras el niño fuera menor de edad, y todos los hombres sedientos de poder que la hubieran apoyado se convertirían en los gobernantes *de facto* del Imperio. Y es muy posible que esta situación se haga realidad, teniendo en cuenta que Perseo ya ha recibido discretas consultas acerca de cuál sería la reacción de Macedonia si esto llegara a suceder.

Aunque, hablando de discretas consultas, también está la cuestión de Laodice, la anterior esposa del rey y posible futura mujer. Perseo sabe que Laodice está al corriente de que el juego de tronos helenístico resulta tan mortífero para las mujeres como para los hombres, y que, si Antíoco llegara a fallecer repentinamente estando aún casado con Berenice, la exesposa y sus hijos también morirían. Y eso ocurriría de inmediato, hasta tal punto que el primer indicio que Laodice tendría de la muerte de Antíoco seguramente se lo darían los propios verdugos, que irían a por ella y sus vástagos. Así que Laodice está deseosa de que su exmarido repudie cuanto antes a su esposa Berenice y regrese a los brazos de su amantísima exmujer. Ahora bien, si esto llegara a suceder, Laodice estaría comprensiblemente ansiosa por asegurar sus ganancias; al fin y al cabo, Antíoco ya la ha repudiado una vez por motivos políticos, y nada impediría que volviera a hacerlo... A menos, claro está, que sufriera de repente un letal ataque de indigestión poco después de su feliz reconciliación. Llegado el caso, sería Laodice la que se convertiría en regente de su joven hijo, y serían Berenice y su recién nacido los que tendrían que hacer frente a los verdugos.

Lo único que necesita Laodice antes de poner en marcha su plan es asegurarse el apoyo de Macedonia cuando el divino Antíoco abandone el mundo de los mortales, probablemente tras haber disfrutado de una cena íntima con su esposa, quien ha informado muy discretamente al diplomático acerca de sus intenciones.

Se mire por donde se mire, las perspectivas para Antíoco II de Seleucia no son muy halagüeñas, y Perseo debe advertir a su real señor macedonio de que el Imperio seléucida tiene muchas posibilidades de sufrir un abrupto cambio de regencia en los próximos dos años. Perseo vuelve a coger el cálamo, lo introduce en el tintero —la tinta es una mezcla de hollín y cola diluida en agua— y sigue escribiendo su informe en el papiro, convencido de que el rey Antígono será capaz de leer entre líneas lo que el diplomático quiere decir en realidad:

Creemos inminente el nacimiento de un heredero real y pensamos que los dioses se mostrarán benignos ante el acontecimiento.

[Si nuestras súplicas son atendidas, Berenice fallecerá durante el parto, llevándose con ella al Hades a su mocoso recién nacido.]

¿QUÉ FUE DEL DIVINO ANTÍOCO?

Tal como se temía Perseo, la reina de Antíoco, Berenice, dio a luz a un varón sano, por lo que Ptolomeo II se convirtió en el abuelo del aspirante al trono del Imperio seléucida. Según parece, esta situación tampoco le hizo mucha gracia a Antíoco y, en el 246 a. C., dos años después de la imaginaria visita de Perseo, Antíoco repudió a Berenice y volvió con su anterior esposa. Para entonces, la exesposa había trazado un meticuloso plan y, en un golpe simultáneo, Antíoco murió envenenado y Berenice y su pequeño fueron asesinados en Antioquía. El joven Seleuco II, el hijo mayor de Antíoco, fue proclamado rey, con la apenada viuda como regente mientras los ultrajados ptolomeos se disponían a vengarse declarándole la guerra. Un desenlace sumamente satisfactorio desde el punto de vista macedonio.

Pese al júbilo que le causa volver a convertirse en padre, Su Divina Majestad sigue mostrándose atento con su anterior esposa, a la que consuela afirmando que sigue queriéndola.

[Antíoco quiere volver con Laodice tan pronto como pueda hallar el modo de deshacerse de Berenice sin desencadenar una guerra contra Egipto.]

Como siempre, no cabe duda alguna de vuestra intención de ofrecer apoyo fraternal a otro monarca, y estoy seguro de que Su Real Majestad ya está considerando la jubilosa respuesta de Macedonia ahora que la amada esposa de Antíoco ha dado a luz.

[¿Hay algún modo de acelerar el divorcio del rey antes de que sea asesinado por los partidarios de Berenice?]

No hay duda de que el regio padre de Berenice, en Egipto, se encuentra asimismo lleno de gozo por la noticia y por el hecho de que su nieto sea el heredero del Imperio seléucida.

[Supongo que ya sabéis lo que está en juego...]

Estos estrechos lazos familiares no pueden más que afirmar la unión de los tres reinos helenísticos en el amor fraternal y paternal y traer paz a nuestro tiempo.

[Si no hacemos algo pronto con Berenice, Laodice va a ser asesinada y Antíoco no va a poder volver con ella; esto impedirá que se declare la guerra entre Egipto y los seléucidas, y Ptolomeo tendrá a su hija como regente del Imperio seléucida y seguirá haciéndonos la vida imposible a los que estamos en Grecia. La cosa no pinta bien.]

Perseo concluye su informe con las habituales fórmulas floridas y se lo entrega a un heraldo que ha sido ya debidamente informado acerca del mensaje subyacente. A continuación, el diplomático deja escapar un suspiro mientras coge de nuevo su cálamo y se dispone a escribir una nota aún más delicada con un mensaje oculto todavía más opaco. A grandes rasgos, necesita enviar a Laodice una negativa totalmente creíble y, al mismo tiempo, comunicarle que Macedonia va a presionar a Antíoco para que se reconcilie con ella.

Y una vez que lo haya hecho, Laodice debe asegurarse de tener listos sus bebedizos.

La fugitiva

La mirra puede parecer algo salido de un conejo incontinente, pero esta resina es un excelente material con múltiples usos. Y además es difícil de conseguir para una herbolaria itinerante, en gran medida porque los arbustos de *Commiphora* de los que se recoge se encuentran celosamente protegidos por los propietarios de la tierra en la que crecen, que se ubica sobre todo en la orilla egipcia del mar Rojo, aunque se ha intentado cultivar en Anatolia con mayor o menor éxito.

A esto se une el hecho de que la mirra no puede extraerse de las hojas sin más, sino que, una vez que se logra encontrar una planta adecuada, el recolector debe abrirse paso entre las espinosas ramas para llegar al tallo principal del arbusto y perforar profundamente la corteza hasta la albura, pero con cuidado de no alcanzar el duramen. De ahí saldrá poco a poco una resina cérea que se irá coagulando para cerrar la herida y, pasados unos días, la resina se endurecerá y podrá rasparse para su secado, tras lo cual estará lista para la exportación.

La mayor parte de la mirra viaja hacia el norte desde su lugar de producción a través del desértico reino de Nabatea (que ocupaba la actual Jordania y el norte de Arabia), y desde allí al mundo helenístico, sobre todo a la ciudad anatolia de Esmirna. Esta localidad lleva tanto tiempo produciendo y exportando mirra que hasta su propio nombre deriva de la sustancia, ya que *smyrna* significa «mirra» en griego.

Para una herbolaria, la mirra es algo maravilloso, siempre que pueda encontrarla o que pueda permitirse comprarla cuando la encuentre. El problema se agrava porque los herbolarios no son los únicos que anhelan esta resina endurecida, porque muchos otros, como los hebreos de Judea, la usan a montones para los rituales de purificación y demás ceremonias religiosas. Además, la mirra mezclada con aloe se emplea asimismo en los enterramientos, porque la sustancia resultante tiene algo que detiene la descomposición. Desde el punto de vista de una herbolaria, esta es una de las principales razones para usar la mirra, ya que las infecciones suponen una rápida descomposición de la carne de un ser vivo, y no hay nada como una tintura de mirra para reducirlas y prevenirlas. Por otro lado, en la carne destinada a la mesa, como la de porcino o la de bovino, la mirra es un útil conservante, así que las herbolarias deberán pelearse con sacerdotes, parientes de luto y cocineros si quieren hacerse con este preciado tesoro.

Por si esto fuera poco, si se quema en el aire —a menudo mezclada con el también carísimo incienso—, la mirra parece detener la propagación de enfermedades entre las muchedumbres, y además es muy eficaz para las infecciones orales, aunque quien quiera extendérsela por las encías deberá recordar que no ha de tragársela, ya que la mirra es venenosa si se ingiere en cantidades elevadas. Finalmente, también es muy apreciada por las cortesanas de alto nivel, puesto que, si se untan los genitales con un poco de aceite de mirra, no solo emitirán un agradable aroma, sino que además evitarán muchos de los parásitos e infecciones transmitidos por los clientes que no mantienen la necesaria higiene sexual.

En resumidas cuentas, la mirra es algo extremadamente útil y, en consecuencia, también muy valioso. Y en ningún sitio se encuentra más barata que en los mercados al por mayor de Esmirna, por lo que Eudoxia está interesada en hacerse con un alijo de esta resina mientras la caravana se encuentre en la ciudad. Sabe que no solo la utilizará para sus pociones, sino que además podrá venderla al por menor a otras herbolarias con las que se cruce durante sus viajes. Por supuesto, ella no es ni de lejos la única herbolaria itinerante que lo hace, pero el producto va encareciéndose a medida que pasa de mano en mano, así que los mercaderes especializados de Esmirna son perfectos para atender sus necesidades.

Y precisamente porque se ha sentado en su tienda a regatear largo y tendido con uno de estos tratantes, Eudoxia ha decidido enviar a Tracia al mercado en busca de algún puesto donde vendan otros productos menos valiosos, aunque igual de necesarios para su oficio.

Todavía es primavera, pero el bochorno del final de la tarde y la gente que atesta el ágora están empezando a hacer que Tracia lo pase mal con el pesado manto que le cubre el cuello y la cabeza. Desde luego, no es la única que lleva manto —tanto las griegas como las asiáticas tienden a cubrirse la cabeza cuando salen de casa—, pero hay algunas mujeres con la cabeza descubierta, como una chica rubia que, para alegría de Tracia, muestra en el cuello un elaborado tatuaje tracio de un águila.

Así que, quizá porque nadie entre la multitud le está prestando la más mínima atención, o quizá porque está cansada y sudorosa de llevar todo el día caminando... Tracia ha decidido quitarse el manto. El ágora de Esmirna se encuentra situada entre el

Cripta porticada de la antigua Ágora de Esmirna.

puerto marítimo y el teatro, a unos trescientos pasos colina arriba, y esa disposición hace que una agradable brisa marina sople sobre las cubiertas de tejas rojas de la ciudad y llegue hasta el mercado... y Tracia no ha podido resistirse a sentir ese maravilloso aire fresco en el cuello y en el pecho. Aunque tal vez la decisión de quitarse el manto ha tenido algo que ver con el hecho de que, de regreso a la tienda de Eudoxia, ha visto a uno de los arrieros de la caravana, un joven bastante atractivo de unos dieciocho o diecinueve años, y quizá a la muchacha se le ha ocurrido que dejando algo de piel a la vista la posible conversación podría alargarse un poco más.

Y, efectivamente, el encuentro con el joven arriero está yendo bastante bien... hasta que, de repente, unas toscas manos agarran a Tracia por los hombros y, haciendo caso omiso de las protestas del joven, la arrastran hasta un tablón del que cuelgan varios avisos. Por fuera, Tracia grita angustiada; por dentro, se maldice en silencio por haber sido tan confiada... La verdad es que hace tanto tiempo que nadie cuestiona su identidad que ha empezado a dar por sentado su anonimato, hasta el punto de ignorar el tablón de anuncios y todos los mensajes que pudiera contener, y eso que apenas se encuentra a un tiro de piedra de la tienda de Eudoxia.

Es evidente lo que ha pasado: los dos hombres que la han atrapado han leído en el tablón las descripciones de los esclavos fugados y, nada más empezar a andar, han tropezado con una jovencita que coincidía exactamente con una de ellas, y por supuesto la han llevado hasta el anuncio para poder comparar con mayor precisión la descripción de la fugitiva con el aspecto de su prisionera.

Ahora bien, parece que los dos afortunados no se están saliendo del todo con la suya... Los gritos del joven arriero han atraído a una muchedumbre que vocifera improperios a los dos tipos que sujetan a la muchacha (más tarde, Tracia se enterará de que esto se debía a que sus captores eran hebreos, mientras que la multitud del mercado era mayoritariamente griega, y los judíos y los griegos se llevan como el perro y el gato en este momento), así que delante del tablón se oye un griterío animado y en gran medida inconexo mientras los hebreos insisten a voces en que han capturado a una esclava fugada, y Tracia y el joven arriero se empeñan, también a voces, en que eso es falso. La cosa se va poniendo cada vez más fea, hasta el punto de convertirse en un auténtico alboroto cuando los hebreos intentan arrancarle la túnica a Tracia para ver si tiene cicatrices de latigazos en la espalda, como sostiene la descripción, a lo que ella se resiste con vehemencia ayudada por un grupo cada vez más nutrido de defensores empeñados en proteger su pudor. Entre ellos se encuentran algunos de los arrieros mayores de la caravana, que se han dirigido al lugar al oír el bullicio.

El tumulto ha atraído asimismo a un *agoranomos*, un funcionario a cargo de mantener el orden en el mercado, que ha conseguido aplacar la discusión simplemente ordenando a sus ayudantes que le asesten un porrazo a cualquiera que hable sin que él se lo haya ordenado, y como los ayudantes llevan unos buenos garrotes, el decoro está garantizado mientras los hebreos y los arrieros declaran sobre Tracia.

Finalmente, a petición de los arrieros, se decide que sea alguien neutral quien juzgue el asunto, esto es, una mujer capaz de proteger el pudor de Tracia examinándole la espalda en privado e informando luego al *agoranomos* acerca de sus hallazgos. Por suerte, allí mismo se encuentra la tienda de una respetada herbolaria y, con cara de niño inocente, uno de los arrieros propone llevar a la muchacha ante esta mujer y que resuelva de una vez la cuestión. Por algún motivo, a los arrieros se les ha olvidado mencionar la relación entre Tracia y la herbolaria, por lo que la solución propuesta es aceptada.

Mientras camina hacia la tienda escoltada por los trabajadores del mercado, que la llevan agarrada por los hombros, Tracia siente una mezcla de esperanza y terror. Teniendo en cuenta que las cosas se han complicado hasta ese punto... ¿estará su maestra y mentora dispuesta a mentir para salvar a su aprendiz?

La ciudad de Hermione se encuentra situada en la península de la Argólida, y sus puertos están bien protegidos de las tormentas que llegan desde las Cícladas por las islas gemelas de Hidra y Aperopia. Se trata de una ciudad muy antigua, y ya Homero menciona en la *Ilíada*, su poema épico, que los hombres de Hermione participaron en el ataque griego contra Troya.

El velocista Similo ha podido ver la ciudad vieja en persona, porque, aunque el promontorio sobre el que se alzaba Hermione en otros tiempos se encuentra abandonado en la actualidad, el antiguo puerto sigue en uso. Y también se siguen usando algunos templos, como se ha venido haciendo desde hace más de un milenio. De hecho, antes de recalar en la ciudad, Similo se ha situado junto a otros viajeros en la regala del barco para ver una impresionante ceremonia que estaba teniendo lugar en el exterior del templo de Posidón. Aunque no es a Posidón a quien Similo ha venido a honrar, sino a Dioniso *Melanaigis*, el dios del vino de la piel de cabra negra. Similo ha estado preguntando discretamente sobre la piel de cabra negra y ha descubierto que, según parece, hace referencia a un aspecto más marcial del dios de la fiesta, que lleva una égida de piel de cabra negra cuando va a la guerra (sí, hasta los dioses del Olimpo tienen que ir a la guerra de vez en cuando).

La cuestión es que, a finales de primavera, en Hermione se celebra un festival en honor de Dioniso que, al igual que muchos festivales griegos, tiene un fuerte componente atlético. Hay que reconocer que en Hermione estos eventos muestran una tendencia más bien acuática —como es lógico en una ciudad emplazada en el extremo de una península—, pero entre las pruebas de natación y las regatas hay una carrera de estadio doble, algo menos de cuatrocientos metros, que se celebra en el antiguo estadio, y es ahí donde pretende competir Similo.

El auténtico punto fuerte de Similo es el estadio, una carrera que supone solo la mitad de esa distancia, pero su entrenador todavía tardará algún tiempo en permitirle participar en esta prueba. De momento, lo que quiere es que Similo compita en el estadio doble como si fuera solo de un estadio y, luego, cuando queden un mes o dos para la prueba olímpica, el atleta y el entrenador se dedicarán a aplicar a la distancia más corta la fuerza y la energía adicionales que Similo haya adquirido. Así que esta carrera forma parte del entrenamiento del atleta, aunque esto no quiere decir que deba renunciar a hacerse con el dinero extra del premio para sufragar sus gastos y, de paso, honrar al dios participando en la competición.

Sea como fuere, el estadio doble también es una prueba olímpica, y si Similo se encuentra con ánimos, es posible que participe en las dos, en el estadio y en esta más larga. Al fin y al cabo, todos los corredores conocen la historia de un tal Ageas de Argos, un personaje tan rebosante de energía que, tras ganar su prueba en la 113.ª Olimpiada (en el 328 a. C.), ese mismo día corrió los cien kilómetros que lo separaban de su ciudad para dar la noticia en persona.

Con esto en mente, Similo se ha presentado ante los organizadores del festival con el nombre de Coroibos de Rodas. No es que pretenda hacer trampa, pero sabe que a los organizadores de los festivales locales no suele gustarles que compita un atleta famoso, ya que más que aportar prestigio al acontecimiento lo que hace es desmoralizar a otros corredores que pudieran estar pensando en participar. A Similo de Nápoles podrían pedirle que no participara, mientras que a Coroibos de Rodas definitivamente no lo conoce nadie.

Aunque los aficionados al deporte tal vez se huelan algo, porque Coroibos —de la Élide— fue el primer corredor registrado que ganó el estadio en los Juegos Olímpicos, y Leónidas de Rodas, recientemente retirado, es el corredor a quien todo el mundo, incluido Similo, quiere emular: el increíble Leónidas es el único hombre que ha ganado el estadio una docena de veces, y aún seguía ganando carreras olímpicas cuando ya pasaba la treintena.

Si Similo tiene que correr con un nombre falso, por lo menos que sea una combinación de dos héroes del deporte.

Durante los tres primeros días, Similo se ha dedicado a hacer ejercicio, a practicar su esprint y a disfrutar del festival, viendo a la muchedumbre penetrar en la famosa estoa de Eco —donde el ruido que se hace en un extremo resuena tres veces— y visitando el santuario de Clímeno para quedarse boquiabierto ante la inmensa grieta que se abre en la tierra y que lleva directamente al Inframundo (a nadie le gusta decir Hades, no vaya a ser que se llame la atención del pavoroso dios, y por eso el santuario se llama «Clímeno», que significa «conocido y temido», para evitar referirse directamente a aquel a quien no hay que referirse directamente). Sea como fuere, tan cerca se encuentra Hermione del Inframundo que sus habitantes ni siquiera se molestan en introducir una moneda en la boca de los muertos, puesto que no van a necesitar al barquero.

La cuestión es que todas estas visitas han sido muy divertidas, pero ahora para Similo —o, mejor dicho, para Coroibos de Rodas— ha llegado la parte del día que debe dedicar al trabajo.

Es media tarde y, desnudo y cubierto de aceite, el corredor se mantiene a la espera, con los dedos de los pies colocados justo detrás de la línea tallada en la piedra de salida. En la carrera participan dos docenas de corredores, y Similo sabe que necesita un comienzo arrollador. Aunque los empujones y el desorden no van a ser algo exclusivo de la salida, porque también se juntarán muchos atletas en el pilar de piedra que marca la línea de meta para la carrera del estadio, donde los más veloces darán la vuelta para completar el estadio doble y se encontrarán con los rezagados.

En las pruebas de velocidad, a los árbitros griegos les disgustan las salidas en falso, y los atletas ya han tenido que volver a empezar dos veces porque alguien ha salido demasiado pronto. Estos corredores seguramente irán algo más despacio, ahora que los funcionarios les han propinado allí mismo un doloroso escarmiento físico con sus largas y flexibles varas de oficio.

Cuando la carrera finalmente comienza de verdad, Similo se coloca justo detrás de un joven corredor que ha salido disparado en un esprint enloquecido. Este muchacho sabe que no tiene ninguna posibilidad de ganar, por lo que ha optado por lucirse ante sus parientes y allegados manteniéndose en cabeza todo lo que pueda, antes de hundirse exhausto en el anonimato del pelotón. En cuanto se da cuenta de que su liebre comienza a flojear, Similo la adelanta sin problemas mientras rodea tranquilamente el pilar que señala el punto intermedio de la competición.

Esta es la parte más peligrosa de la prueba, ya que Similo se dirige ahora de cabeza hacia el grupo que ha dejado atrás, que en este momento corre hacia él, y debe hacer gala de un excelente juego de pies para sortear a un corredor ensimismado que embiste hacia adelante totalmente ajeno a cuantos le rodean. Por el momento, Similo se encuentra atravesando el pelotón, esquivando y zigzagueando de manera frenética, pero cuando está a punto de salir de él uno de los atletas cambia su trayectoria y lo embiste en un ataque descarado. Similo se ha quedado tan asombrado que casi se olvida de esquivar a los demás, y ha recibido un golpe en el hombro que a punto ha estado de hacerlo caer de bruces.

Por suerte, se ha recuperado enseguida y ahora se dispone a lanzarse al esprint final, los últimos sesenta pasos que lo separan de la victoria... Y entonces se da cuenta de algo verdaderamente increíble, y es que hay un corredor delante de él... Y no solo eso, sino que además le saca unos quince pasos de ventaja y va como un caballo de carreras. Se trata de algo literalmente increíble, porque, incluso a estas alturas del entrenamiento, Similo sabe que es uno de los hombres más rápidos de toda Grecia. Apenas hay un puñado de atletas de élite que podrían ganarle, y los conoce a todos de vista. Y como en esta carrera no había ningún otro corredor de élite, solo hay una forma de que ese tipo haya podido sacarle tanta ventaja: cuando el pelotón de corredores se ha cruzado con los líderes que ya habían rodeado el poste, ese individuo simplemente se ha dado la vuelta mucho antes de llegar al punto intermedio y ha salido corriendo en dirección opuesta.

LOS FESTIVALES ATLÉTICOS DE LA ANTIGÜEDAD

De todos los acontecimientos deportivos, sin duda los más importantes eran los Juegos Olímpicos. Tras ellos, los segundos más venerables eran los Juegos Píticos, que se celebraban en Delfos en honor de Apolo. A diferencia de los Juegos Olímpicos, en los Píticos tenían lugar asimismo certámenes artísticos y musicales, así como algunas competiciones de atletismo femeninas. Los Juegos Nemeos se celebraban entre los Olímpicos y los Píticos, y la dinastía ptolemaica instauró sus propios juegos, los Ptolemaicos, que ellos consideraban equivalentes a los Olímpicos.

La trampa de su rival es tan evidente que Similo espera oír los abucheos del público y los bramidos de amonestación de los jueces, pero lo único que se oye son los habituales gritos de ánimo y emoción de una carrera que se aproxima a su punto culminante. La mezcla de rabia e indignación que siente lo impulsa a correr más rápido que nunca en su vida y se dirige volando hacia la línea de llegada... y lo inunda la satisfacción cuando nota el fino cordón de la meta sobre el pecho, porque sabe que ha terminado la prueba un cuarto de paso por delante de su oponente.

La carrera lo ha dejado totalmente sin aliento, por lo que aún tarda un poco en darse cuenta de que la ovación de los espectadores no va dirigida a él, sino a su rival, al que los jueces, desafiando con total descaro la realidad, le han adjudicado la victoria por un estrechísimo margen.

Similo está a punto de abalanzarse sobre el estrado de los jueces para exigir una revisión, pero su entrenador lo agarra por el brazo y le explica que el «ganador» de la carrera no es otro que el hijo del arconte de Hermione, un joven con un brillante futuro como velocista. Teniendo en cuenta la posición política y social del arconte, es mejor no protestar acerca de la decisión de los jueces; además esto haría que saliera a colación el tema de por qué Similo ha corrido con un nombre falso, así que lo más conveniente es dejar las cosas como están y aceptar que, al fin y al cabo, el esprint ha sido un entrenamiento estupendo.

A Similo no le queda más remedio que resignarse y, cuando se le pasa un poco la rabia, insiste en felicitar al ganador en persona: si el joven consigue llegar a los Juegos Olímpicos, quiere que el muy tramposo pueda reconocer al hombre que le va a hacer morder el polvo.

8

ΨΥΔΡΕΎΣ - ἉΙ ΔΥΣΚΟΛΊΑΙ
(mayo – los reveses)

La novia

Las bodas griegas son una cosa interminable. Y no hay un momento concreto en el que se declare oficialmente a la pareja —feliz o no— marido y mujer, sino que se trata de un proceso que se inicia cuando los novios se comprometen y termina cuando se considera que ya están casados, lo cual puede ocurrir varios meses después.

Sea como sea, Apia se ha convertido en una novia, puesto que se han dado los primeros pasos hacia el matrimonio y ahora está prometida irrevocablemente (más bien, ha sido prometida irrevocablemente, ya que lo único que se ha requerido de ella es su absoluta pasividad). Su padre, tal como dicta la tradición, ha realizado en su nombre todos los trámites necesarios para el compromiso, pero ella no ha cruzado ni una sola palabra con Calípides, el hombre con el que va a tener que pasar el resto de su vida. Apia ni siquiera estuvo presente en la *engye*, la crucial reunión en la que participaron su padre y su futuro marido y en la que, en presencia de los testigos, acordaron que en una fecha venidera la muchacha iba a ser oficialmente transferida de la custodia del progenitor a la del esposo. Y para garantizar la transferencia, fue entonces cuando el padre de Apia le entregó a Calípides la dote que la novia aportará a su nuevo hogar, y ambos hombres sellaron el trato con un protocolario apretón de manos.

Apia sabe que este apretón de manos y la presencia de los testigos constituyen una parte fundamental del contrato matrimonial, porque las ciudades griegas no disponen de un registro oficial de nacimientos, matrimonios y decesos y, si algún día llegara a cuestionarse la legitimidad de la unión de la pareja, estos testigos serían llamados para dar fe de que efectivamente se celebró la *engye* y se entregó una dote de forma oficial. Desde luego, más adelante van a ser muchos los que podrán testificar que estuvieron en el banquete esponsalicio; sin embargo, si no hubiera testigos para confirmar la transferencia de una dote, Apia sería considerada poco más que una concubina. Esto ya es bastante horrible en sí mismo para cualquier mujer respetable, pero es que, además, sin un matrimonio legítimo los hijos de Apia no serían legítimos y no tendrían derecho a reclamar la herencia de su padre. De ahí que la *engye* sea muy importante para la seguridad de Apia. La muchacha confía plenamente en su padre, pero no puede evitar sentirse algo ofendida porque ni siquiera ha estado presente para comprobar que todo había salido bien... Al fin y al cabo, es su futuro el que está en juego.

Y ese futuro se cierne a toda prisa sobre ella. A ojos de las demás muchachas, Apia ha dejado de ser una *parthenos*, esto es, una doncella soltera que disfruta de la libertad asociada a las diosas vírgenes como Hécate y Artemisa. Ahora se ha convertido, o se va a convertir muy pronto, en una *nymphe*, es decir, en una mujer que ha dejado de ser doncella pero que todavía no ha completado su transición a *gyne* (mujer con hijos). Apia sabe muy bien que todos estos pasos son inevitables, ya que para ser una mujer completa hay que ser madre.

Todo el mundo sabe que, llegada cierta edad, la actividad sexual y la maternidad resultan esenciales para la salud física y mental de una muchacha. Y si la biología femenina las empuja a mantener relaciones sexuales y a tener hijos, desde luego lo mejor es que lo hagan dentro de la seguridad del matrimonio y, cuanto antes, mejor. De hecho, una de las razones por las que el velo nupcial se tiñe con azafrán es que esa planta es un conocido remedio contra los problemas menstruales que seguramente ya esté sufriendo la novia debido a la abstinencia prematrimonial. Para una muchacha griega, la cuestión no es si debe casarse, sino con quién y cuándo.

LA FAMILIA GRIEGA

La casa de la familia griega era el *oikos*, de cuya gestión u *oikos nomos* deriva el término moderno «economía». La casa era el dominio de las mujeres de la familia y solía estar dirigida por la esposa, aunque algunas veces estaba en manos de una matriarca viuda. Era bastante habitual que en una casa convivieran varias generaciones de una familia, ya que eran muy pocos los griegos que vivían solos. A diferencia de la casa romana, en la que la palabra del patriarca era —literalmente— la ley, los hijos griegos no estaban legalmente obligados a obedecer a su padre. Ahora bien, el progenitor disponía de algunos poderosos medios para mantener a raya a la prole, ya que podía desheredar a un vástago poco satisfactorio a su entera discreción.

Pues bien, para Apia, el «quién» ya ha sido resuelto. Ahora lo que hace falta es que todo el mundo se ponga manos a la obra para resolver el «cuándo», porque en una boda griega no solo participan los novios, sino también sus padres, sus hermanos, sus primos y buena parte de los vecinos. Está, por ejemplo, la cuestión del lugar donde va a celebrarse, porque lo normal es que, después del banquete, los invitados y la familia se dirijan en una estruendosa procesión desde la antigua casa de la novia hasta el hogar de su nueva familia, donde la nuera es recibida por su suegra. Sin embargo, en este caso el novio vive en la misma casa que la novia, y no parece que tenga mucho sentido salir del edificio, dar una vuelta a la manzana y regresar al mismo sitio, por lo que el padre de Apia está intentando reservar el cercano recinto del santuario de Urano para la ocasión. La ubicación es conveniente no solo porque el santuario tiene un jardín de dimensiones adecuadas, sino porque, además, durante los preparativos, Apia podría presentarle sus respetos a Urano *Protogenos*, tal como impone la tradición y como hacen todas las mujeres que desean que su primer hijo nazca sano.

Calípides insiste en que la ceremonia tenga lugar durante la luna llena, ya que esto aumenta las posibilidades de que la novia se quede embarazada de inmediato. De hecho, el ansioso novio ya ha dejado claro que la manera de que Apia se gane a su imponente suegra pasa por el útero...

Y hablando de la suegra, hay otra cuestión relacionada con el momento de la boda: según parece, la explotación familiar de la Élide se enfrenta a una infección de hongos que ha afectado a los garbanzos y también a una posible plaga de insectos en el cultivo principal, y aunque Ífita está deseando presenciar el momento en que por fin su hijo se despose, su orgullo campesino la obliga a llevar a casa una cosecha abundante (Apia sospecha apesadumbrada que, en doce meses, será capaz de mantener una conversación fluida sobre los peligros de las plagas de dípteros en los cultivos de verano y sobre si es más resistente a estos malditos bichos la espelta o el trigo duro). Los problemas con la próxima cosecha, en cualquier caso, han hecho necesario el envío de varios mensajeros, lo que ha costado un dineral, pero finalmente se ha acordado que Ífita se dirigirá a Atenas tan pronto como la cosecha se encuentre a buen recaudo, y que la boda se celebrará durante la primera luna llena posterior a su llegada.

Apia ha protestado por las dificultades que conlleva tener que dividir su vida entre Atenas y la Élide, pero entonces una de sus hermanas le ha señalado una importante ventaja de no ser ateniense: resulta que su padre no tiene ningún hijo varón y, de haber sido ateniense, la hija menor habría tenido que convertirse obligatoriamente en una *epikleros*, esto es, en un vehículo para hacer que la propiedad se mantuviera en la familia. Y eso significaría que, cuando falleciera su padre, esa desdichada hija tendría que divorciarse de su marido y casarse con algún pariente varón, en concreto con el más cercano a su propio padre (de este modo se garantizaba que los bienes heredados por vía paterna se transferían a otro hombre de la familia). Por suerte, los familiares de Apia son metecos —es decir, residentes extranjeros—, por lo que a nadie le importa lo que pueda ocurrir con su herencia, y mucho menos a las autoridades de la lejana Élide. Apia tiene varios tíos, y la sola idea de tener que casarse con alguno de ellos hace que Calípides le parezca el partidazo del siglo, así que la muchacha no tiene más remedio que darle la razón a su hermana.

La madre de Apia también está ocupadísima, ya que debe conseguir un vestido de boda de color púrpura y contratar a una *nymphokomos*, es decir, a una profesional encargada de adornar a la novia para que tenga un aspecto impecable el día de su boda. Además, debe organizar las oraciones y sacrificios oficiales —llamados *proteleia*—, dedicados en este caso a un verdadero panteón de divinidades relacionadas con las nupcias: además del dios Urano, está también Artemisa —cuya divina protección Apia va a abandonar muy pronto—, Hera —que se hará cargo de la esposa no solo por ser la protectora de las mujeres casadas, sino por ser también la divinidad tutelar de la Élide—, Atenea —la principal diosa de Atenas—, Afrodita *Urania* —que requiere un sacrificio adicional por ser una de las diosas de la fertilidad—, Hécate —una especie de portera celestial que mantendrá las malas influencias alejadas de la ceremonia—, Gaia —la diosa madre—, y finalmente Hipólito, un semidiós devoto de Artemisa al que las muchachas consagran mechones de pelo cuando aún son doncellas.

Y por último hay que pensar también en las vasijas: la madre de Apia debe conseguir un lutróforo para llevar el agua bendita del baño nupcial, unas píxides en las que un pintor represente la escena de la boda, una lebeta nupcial para salpicar con agua a la novia

Escena del lavado de pies a la novia durante la ceremonia nupcial.

antes de algunas de las ceremonias y algún que otro alabastrón para los ungüentos matrimoniales.

Entretanto, Apia ha tenido que ponerse, literalmente, manos a la obra, porque el día de su boda tendrá que entregarle a su marido un atuendo llamado *chlanis*, una túnica ligera que demuestra su habilidad como tejedora, así que ahora la joven se pasa la mayor parte de las mañanas en el telar. Y además debe aprender algunas recetas, pues al día siguiente de la boda deberá ofrecer una cena a la familia de su marido, a modo de confirmación final de que la novia ha sido aceptada en su nuevo hogar. Por suerte, en el caso de Apia solo tendrá que preparar una cena para tres comensales, y Calípides ya le ha comunicado a través de su padre que a Ífita le gusta casi todo, aunque quizá sería una falta de tacto servirle garbanzos.

El constructor

El constructor Metón es un admirador del orden arquitectónico dórico. Le gustan las sencillas líneas rectas y la funcionalidad depurada de ese estilo, desprovisto de las florituras ornamentales del corintio y de la recargada decoración del jónico. Y cuando se observan los fundamentos constructivos de un templo, no hay nada que defina mejor el orden arquitectónico que las columnas.

Solo hay que fijarse en los capiteles —como a menudo hace Metón—, esto es, en lo que está encima del pilar, justo debajo de lo que sea que esté sustentando la columna. Un capitel dórico simplemente se va ensanchando hasta alcanzar el tamaño del ábaco —la plancha de la parte superior del capitel—, que es lo que en realidad soporta el peso de lo que haya encima. En definitiva, el capitel cumple su cometido sustentándolo todo sin llamar la atención.

Porque si lo que uno quiere es llamar la atención, ahí tiene el estilo corintio, en el que la sencilla plancha de piedra del ábaco se convierte en una escultura de complejas molduras, con su propia forma de equino —mejor no preguntar— y unas delicadas hojas de acanto talladas sobre la parte principal del capitel que un experto cantero tarda meses en elaborar. Aun así, un mal golpe del cincel podría dar al traste con todo, y Metón no sería el primer constructor que ha logrado restaurar un capitel dañado con un poco de hormigón y polvo de mármol (aunque esos parches terminarán por caerse, y solo si el constructor y el cantero han sido lo suficientemente hábiles camuflando el error, ambos se encontrarán para entonces a buen recaudo en la seguridad de la tumba).

Respecto al orden jónico, cabría esperar que fuera un punto intermedio entre las espartanas líneas del dórico y la florida exuberancia del corintio, y sin embargo Metón odia todavía más los recargados bucles de la parte superior de las columnas jónicas (el nombre técnico de estos bucles es «volutas», pero él prefiere emplear un término algo más profano). Su rechazo se debe a que los relieves enrollados que se encuentran debajo y a los lados del ábaco jónico no solo son complicadísimos, sino que además son tan diminutos que un ojo experto necesitaría una escalera para inspeccionarlos bien.

Los griegos se refieren al dórico como el orden «masculino» y al jónico como el «femenino», y es esa fuerza masculina la que convierte al dórico en el orden predilecto para el primer piso en los diseños arquitectónicos con varios niveles. El jónico suele reservarse para el segundo piso y, en caso necesario, se usa el corintio para el piso de arriba, donde no podrá avergonzar a nadie.

Lo cierto es que la «fuerza masculina» de una columna dórica no es solo metafórica, ya que las columnas dóricas son realmente más robustas y la proporción entre su altura y su diámetro es inferior a la de las más esbeltas —y por ello más frágiles— columnas jónicas (las columnas corintias son tan estilizadas que Metón no se fía de que sean capaces de soportar su propio peso en un vendaval). Usar las columnas dóricas, por tanto, es lo más sensato: son más anchas en la parte inferior que en la superior porque la parte de abajo está sometida a mayor tensión, ya que tiene que soportar el peso del resto del pilar además de lo que la columna esté sustentando. La columna corintia, con el borde tan recto, sacrifica la función en favor de la forma y se eleva hacia arriba como si estuviera hecha de adamita, inmune a las tensiones que sufren los materiales corrientes.

Bien podría ser que el templo dórico más famoso de todos, el Partenón ateniense, fuera dórico precisamente porque es un edificio enorme, y porque los atenienses de aquella época, orgullosos de sus logros, querían que su templo se mantuviera en pie para que pudiera ser admirado por las generaciones futuras. Aunque lo cierto es que algunos de los edificios menores de la acrópolis ateniense, como el Erecteion, tienen columnas jónicas... Pero, claro, tampoco están diseñados para sustentar varias toneladas de mármol de manera que casi parezca que están flotando en el aire.

En cualquier caso, ahora mismo Metón se encuentra al pie de la escalinata que asciende hasta la *naos*, el edificio central del templo, donde se ubicará la estatua sagrada de Serapis. La *naos* se ha construido sin problemas, ya que no es más que una estructura rectangular de sillares de piedra maciza. Aunque el terremoto que derrumbó esta estructura no dañó mucho los sillares, Metón descubrió indignado que algunos de los de la parte superior no eran más que losas de arenisca hechas con escombros para reducir los costes. Su templo, financiado con la riqueza de Egipto, estará enteramente construido con arenisca pura y tendrá un revestimiento de estuco pintado de vivos colores y un pórtico de doce columnas de mármol de su adorado estilo dórico. Ya se han levantado los andamios, y las grúas de polea ya están listas para empezar a colocar los pesados tambores de las columnas en su sitio.

Por desgracia, ha surgido un problema, y ahora mismo las grúas permanecen inactivas debido a una intervención de «los más altos niveles» del Gobierno egipcio. Metón esperaba que los egipcios le entregaran el dinero y le dejaran hacer tranquilamente su trabajo, pero los agentes de Ptolomeo parecen decididos a cuestionar todo lo que hace el constructor. Ayer mismo, sin ir más lejos, se retrasó el montaje de las columnas porque, por lo visto, es esencial que estén acanaladas.

Para decorar la parte principal de las columnas de los templos es muy común usar la «acanaladura», que consiste en tallar unas profundas estrías verticales en el tronco de los pilares (aunque, en lugares como Siria, algunos arquitectos de vanguardia han hecho experimentos más extravagantes y han propuesto algunos diseños con estrías en espiral). Las columnas acanaladas son más típicas de los órdenes jónico y corintio y, en opinión de Metón, una opinión tremendamente sesgada, acanalar una columna dórica es una blasfemia contra la filosofía de este estilo, que defiende una arquitectura sencilla y funcional. La acanaladura solo sirve para que una columna parezca más redonda, más alta y más esbelta: en pocas palabras, te obliga a hacer un montón de trabajo cosmético sin una finalidad práctica. Sea como fuere, los egipcios se han mostrado muy insistentes, y ahora Metón debe reasignar esta tarea a los canteros, cuando en realidad los necesita desesperadamente para hacer otras cosas.

La verdad es que al testarudo constructor le costó entender que las columnas deben estar acanaladas porque los gobernantes macedonios de Egipto están ansiosos por aparentar ante los helenos que son griegos y no egipcios (mientras que en el corazón de Egipto los ptolomeos hacen lo contrario y están igual de ansiosos por aparentar ante sus súbditos egipcios que son más egipcios que los propios súbditos). Y son muchos los griegos que han viajado a Egipto y han comprobado algo que ya sabe casi todo el mundo: que las columnas de los templos egipcios están sin acanalar, y además son mucho más rechonchas. Por eso, desde el punto de vista ptolemaico, ya es bastante malo que Metón haya optado por las columnas dóricas, que son lo más rechoncho que podría ser una columna griega, como para que encima pretenda que no estén acanaladas, como si fueran egipcias.

Así que las columnas del templo estarán acanaladas y helenizadas; eso sí, la fecha límite de los Juegos Olímpicos no ha cambiado. Por suerte, atendiendo a las vehementes súplicas de Metón, se han asignado fondos adicionales para contratar a más obreros y compensar así el tiempo perdido, aunque los canteros escasean hasta tal punto que Metón está considerando seriamente la posibilidad de hacer una incursión a Corinto y secuestrar a unos cuantos. Al menos, el hecho de que los pilares que deben acanalarse sean dóricos en cierto modo es un consuelo, porque las columnas dóricas solo exigen veinte estrías verticales a su alrededor, mientras que las corintias —cómo no— requieren nada menos que veinticuatro.

Otra ventaja es que Metón puede usar la acanaladura de las columnas para mitigar un poco el efecto regordete de la base, que en el orden dórico es algo más ancha. Así, los canteros de Metón emplearán una fórmula concienzudamente calculada, y tallarán las estrías más profundas en la base de la columna para ir haciéndolas más superficiales a medida que vayan ascendiendo, hasta convertirlas en una simple hendidura al llegar al capitel de la parte superior. Cuando las columnas se observan desde abajo —que es lo más habitual—, este procedimiento produce una ilusión óptica que se conoce como «éntasis» y que hace que las columnas parezcan más altas. Es decir, el visitante tendrá la sensación de que la parte superior es más fina, pero ello será por un efecto óptico y no porque las bases sean realmente más anchas.

El problema con la acanaladura es que deja muchas aristas vivas en las columnas y es fácil que se rompan o que sufran daños debido a golpes accidentales. Los arquitectos que utilizan columnas jónicas o corintias pueden proteger las aristas rellenando las estrías hasta la altura del hombro con unas molduras redondas conocidas como «contracanales», pero la tradición no permite que las columnas dóricas se protejan de este modo, y Metón está convencido de que eso les viene de perlas a los egipcios.

El mercader

Pérgamo, la capital de la ciudad-estado del mismo nombre, es una ciudad en auge que crece a un ritmo de locos bajo el mando de sus nuevos gobernantes independientes, y lo que antes no era más que una población sin importancia, situada alrededor de una fortaleza sobre una colina, se ha convertido ya en un centro de la cultura helenística a la altura de otros rivales de gran tradición, como Esmirna y Halicarnaso.

Para Sación, que aún no se ha librado de su agobiante enfermedad, el crecimiento de la ciudad es literalmente «de locos». Tanto que casi pierde la cabeza con el incesante golpeteo de los canteros y albañiles que trabajan para ensanchar las calles, levantar casas aún más elegantes y, en definitiva, participar en el creativo pero ruidoso caos de la construcción. Y el ruido no parece dar tregua, de modo que el mercader, que vuelve a encontrarse mal, está un poco histérico.

Desde luego, no es la primera vez que Sación ha sentido que se estaba recuperando y ha tenido una recaída. Una y otra vez ha intentado soportar los extenuantes síntomas, confiando en que su fuerte complexión sin duda sería de ayuda, y una y otra vez se ha visto obligado a guardar reposo y a pasarlo mal hasta que termina el episodio. Ha hecho llamar a varios doctores, que le han ofrecido diversos diagnósticos y le han propuesto distintos remedios. Uno de ellos, por ejemplo, cree firmemente que un espíritu maligno se instaló en el cuerpo de Sación durante su viaje hacia el sur, Nilo arriba, y le ha recetado una serie de horribles eméticos para depurar el cuerpo y deshacerse de los «humores negros». Ahora mismo, sin embargo, Sación sigue las recomendaciones de otro doctor y lleva encima una colección de amuletos mágicos, entre ellos uno con una frase en hebreo supuestamente sagrada que significa «Padre, Espíritu Santo, Palabra» (se trata de la expresión *Abraucahdabar*, aunque el médico, según la costumbre, ha escrito «Abracadabra»).

Casi todos los médicos que han atendido a Sación le han dicho que su imprudente viaje Nilo arriba es lo que le ha provocado esta enfermedad, aunque el que le ha merecido más confianza ha sido un médico de la escuela de Hipócrates de Cos, que se lo ha explicado con estas palabras: «El agua ejerce una gran influencia sobre la salud, y no solo hay que beberla lo más pura posible, sino que también deben evitarse los lugares que son muy calurosos en verano y que tienen grandes masas de agua estancada, como los pantanos, puesto que esas aguas comienzan a emitir un fuerte olor y se vuelven amarillentas, y quienes se encuentran cerca sufren daños en el bazo, además de diarrea, neumonía y manía».

Sación, según dictaminó el médico, estaba sufriendo estas secuelas porque había estado expuesto a las aguas estancadas de ambas orillas del Nilo, y esa exposición se había transformado en una enfermedad que se conoce como «fiebre cuartana», ya que tiene la mala costumbre de regresar cada cuatro días. Cuando Sación le preguntó irritado cómo era posible que se hubiera puesto enfermo solo por tener esas aguas cerca, ya que en ningún momento había bebido el agua ni se había bañado en ella, el médico le había explicado amablemente que la última teoría médica partía de la premisa de que, en esas aguas, se crían unos seres tan diminutos que no pueden apreciarse a simple vista. Esas

Conjuro mágico contra la fiebre cuartana.

criaturas flotan en el aire y se introducen en el cuerpo por la nariz y la boca, produciendo enfermedades graves como la que ahora sufre Sación.

El médico añadió que incluso el historiador Heródoto, cuyos escritos se remontan hasta doscientos años atrás, había señalado que la inundación anual del Nilo generaba nubes de insectos, y había documentado que muchos indígenas, para protegerse de las dolencias causadas por el agua estancada, dormían en unos lechos elevados y cubiertos por unas tupidas redes de pesca. El médico se había mostrado de acuerdo cuando la enfermera de Sación había rebatido esa afirmación diciendo que las redes, por tupidas que fueran, a duras penas podrían mantener alejadas a esas «diminutas criaturas invisibles», pero había explicado que las frecuentes infecciones y sucesivas recuperaciones habían dotado a los indígenas de una inmunidad de la que Sación carecía.

La buena noticia, por decirlo de alguna manera, era que la fiebre cuartana es la forma más crónica de este tipo de enfermedad, pero también la menos letal, de modo que si Sación hubiera sufrido otra forma más maligna seguramente ya estaría muerto, y no solo deseando estarlo. En un par de años, había afirmado el médico con entusiasmo, los síntomas remitirían, y probablemente Sación solo se encontraría mal durante unos quince días a finales de cada verano.

Sea como sea, los médicos no han sido los únicos visitantes que ha recibido Sación. También han ido a verlo algunos de los principales mercaderes de la ciudad, supuestamente para interesarse por su salud. Sin embargo, han aprovechado para mencionar de paso su interés por la mercancía, que se encuentra ahora mismo en un almacén del muelle esperando a que su dueño se recupere. Desde luego, puede que Sación esté enfermo, pero se ha dado cuenta de que casi todas las ofertas que le han hecho por su mercancía rondan el mismo precio sospechosamente bajo, y de que si un mercader parece interesado en su cargamento de seda, otro solo quiere la pimienta y un tercero solo desea comprarle el opio, pero nada más. En resumidas cuentas, que parece que los mayoristas locales han manipulado el mercado acordando el reparto de la mercancía de Sación antes incluso de su llegada.

Y para corroborar su teoría, el mercader ha aprovechado uno de esos días en los que le baja la fiebre para acudir al ágora. No ha sido tarea fácil, porque las calles de Pérgamo, como cabría esperar de una población que ha crecido alrededor de una ciudadela erigida sobre una montaña, son muy empinadas y están llenas de curvas cerradísimas, de modo que uno se ve obligado a dar un montón de vueltas para llegar a un lugar que se encuentra a escasa distancia colina arriba. Esto sin duda supone un inconveniente considerable incluso para quienes llevan un largo tiempo viviendo en la ciudad —muchos de ellos han desarrollado unas espléndidas pantorrillas—, pero presenta la ventaja de que buena parte de las casas tienen unas magníficas vistas de los alrededores, y además se benefician de la brisa que alcanza la ladera tras atravesar la llanura misia.

Desde el punto de vista del pobre Sación, es una suerte que no todas las casas disfruten de semejantes ventajas, porque eso significa que la colina de Pérgamo no es tan solo una cuesta interminable, sino que tiene tres terrazas o zonas naturalmente llanas donde el mercader y sus sirvientes pueden detenerse a recobrar el aliento. Al sentir sus piernas doloridas, Sación piensa que la leyenda de que la ciudad fue fundada por el mítico Télefo probablemente sea cierta, porque solo un hijo del poderoso Heracles podría fundar una ciudad en la que sus habitantes tienen que realizar semejante esfuerzo para desplazarse de un sitio a otro.

EL ÁGORA

El ágora era el corazón comercial de las ciudades griegas. Las ciudades más pequeñas celebraban regularmente días de mercado, mientras que las más grandes y los centros del comercio marítimo como Corinto y Atenas tenían el ágora abierta a diario. Por lo general, el ágora era un lugar bullicioso y muy concurrido, de ahí que se diga que las personas que sienten aversión psicológica hacia este tipo de lugares tienen «agorafobia». En cualquier caso, los mercados estaban lejos de ser caóticos desde el punto de vista comercial: la mayoría se encontraban sometidos a rigurosas normas e imponían castigos a quienes vendieran productos defectuosos o se quedaran cortos con las medidas. Normalmente, los comerciantes compraban o alquilaban un puesto y los funcionarios se aseguraban de que estuvieran al corriente de las normas locales (por ejemplo, estaba prohibido vender vellón que hubiera estado expuesto a la lluvia, pues la lana se vendía al peso).

El ágora superior, situada en la cima, es el mercado principal de Pérgamo, y pocos sitios habrá en el mundo helenístico en los que el visitante se vea más tentado a abandonar los puestos de los comerciantes para dar un paseo hasta la muralla baja que rodea el ágora y dedicarse simplemente a admirar el paisaje. A esto contribuye el hecho de que el ágora se encuentra a un lado de la acrópolis y, por lo tanto, ofrece unas vistas ininterrumpidas tanto de la ciudad como de la llanura que se extiende a sus pies. En todo caso, eso podría tener los días contados, a juzgar por el ruido de los martillos y las sierras —tan típico de Pérgamo— que se oye justo al lado, donde los obreros están construyendo un altar consagrado a Zeus que sin duda será magnífico.

Tras haber estado conversando discretamente con los propietarios de algunos de los puestos mejor abastecidos del mercado, las sospechas de Sación se han visto confirmadas: el precio de las mercancías que él ha traído a la ciudad sigue siendo tan elevado como de costumbre, y las cifras que le ofrecían los mayoristas eran artificialmente bajas. Esto le deja dos opciones: o bien sigue navegando por la costa hasta llegar a otra ciudad —como Cícico, por ejemplo—, para vender allí sus bienes, o bien se queda donde está y vende los productos poco a poco en el mercado minorista. Lo cierto es que varios comerciantes del mercado se han mostrado tan ansiosos por sellar un trato con él que casi le arrancan el brazo en su intento de estrecharle la mano. Además, hay otra razón por la que sería conveniente permanecer en Pérgamo al menos unas semanas más, y es que Sación no se encuentra bien para seguir viajando. Y tampoco queda tanto para que se vea obligado a regresar a Egipto, donde deberá recoger aquel maldito cargamento de marfil que ha prometido entregar en un templo de Grecia.

Mientras tanto, hay algo más que le gustaría investigar. Al parecer, en su intento de convertir a la principal ciudad del reino en una capital cultural helenística, los gobernantes de Pérgamo han comenzado a reunir una considerable biblioteca de obras clásicas, y esto ha suscitado los celos de los ptolomeos, que no quieren rivales para la incomparable biblioteca que ellos mismos están construyendo en Alejandría y por consiguiente han restringido de forma drástica la exportación de papiro a Pérgamo. La falta de papiro para copiar las obras importantes, sin embargo, ha hecho que los bibliotecarios de Pérgamo hayan ideado una novedosa alternativa con una piel de becerro cuidadosamente estirada a la que llaman «pergamino», que por lo visto es más flexible y duradera.

Pues bien, Sación intuye que podría haber un enorme mercado para este invento, así que durante las próximas semanas tiene la intención de intercambiar sus mercancías por la mayor cantidad de pergamino que pueda conseguir, con la esperanza de imponerse de este modo a los avariciosos mercaderes de Pérgamo en su propio campo.

La tañedora de lira

La gira por las ciudades griegas de Anatolia ha sido muy agradable —además de provechosa—, pero ahora Calia está recogiendo sus bártulos y disponiéndose a seguir su camino. Ha llegado el momento de dejar Pérgamo y regresar a la Grecia continental. Quiere integrar en sus propias composiciones algunos aspectos de la música siria y algunas de las cautivadoras canciones tradicionales carias, unas melodías que, según le han asegurado las gentes del lugar, proceden de pueblos desaparecidos hace más de un milenio. Y es que por muy antiguas que puedan parecerles estas canciones a los carios, sin duda resultarán refrescantes y novedosas para los pobladores de Acaya, la región de la Grecia continental que Calia considera su hogar.

Además, en Grecia la temporada de los festivales de verano está a punto de empezar, y habrá mucha demanda de todo tipo de artistas tanto para los acontecimientos públicos como para las fiestas privadas que suelen acompañar a las celebraciones oficiales. En primer lugar, Calia tiene previsto cruzar el Egeo hasta la isla de Eubea, donde está convencida de que podrá hallar un provechoso empleo en el festival de las Artemisias que se celebra a finales de primavera en la ciudad de Calcis.

En casi todos los festivales griegos en los que hay competiciones de atletismo también se celebran certámenes musicales, que suelen denominarse con el término genérico de *mousikoi agones*. En realidad, existen dos tipos de certámenes, los *stephanites* y los *thematikoi*, pero Calia solo suele participar en estos últimos, en los que los premios son en dracmas contantes y sonantes. Aunque le gusta mucho cantar para honrar a los dioses, siempre trata de evitar los *stephanites*, ya que son unas pruebas puramente teológicas en las que el mejor cantante solo recibe una corona simbólica, y por prestigioso que sea el premio no sirve para pagar el alojamiento y la comida.

En otros tiempos, Calia únicamente podría haber encontrado empleo en las fiestas privadas que se celebran de forma paralela al festival principal, porque en los acontecimientos oficiales solo podían participar hombres. Sin embargo, con la ampliación postalejandrina del mundo griego a Asia y Egipto los festivales organizados por las distintas ciudades han superado en número a los artistas disponibles, y esto ha hecho que los consejos ciudadanos hayan tenido que enfrentarse al poco envidiable dilema de tener que elegir entre disminuir el nivel de la calidad requerida para participar en los certámenes musicales o permitir que compitan mujeres. Por lo general, los consejos han optado por lo segundo, muy a su pesar y en contra de la opinión de los músicos itinerantes griegos de género masculino, que han comenzado a organizarse en un gremio o *koiné* para aprovechar mejor la demanda de sus tan solicitados servicios.

Calia sonríe con ironía ante el requisito de que en las Artemisias de Eubea los participantes deban presentarse con cinco días de antelación, durante los cuales la comida y el alojamiento correrán a cargo de la ciudad... Una aparente generosidad que se entiende mejor al ver que los participantes, a cambio del exiguo salario de un dracma al día por sus servicios, deberán ofrecer acompañamiento musical en las procesiones, sacrificios y competiciones de atletismo que tengan lugar durante el resto del festival (en las pruebas de campo y de pista, por ejemplo, suele sonar música de fondo, porque los atletas de salto de longitud o lanzamiento de jabalina no quieren competir sin un flautista o un tañedor de lira que marque un ritmo preestablecido durante sus ejercicios). Aun así, Calia va a pasar por la isla de Eubea de camino a Atenas, por lo que puede aprovechar para participar en el festival, llevarse algún dinerillo extra para el viaje y disfrutar del espléndido cordero asado típico de Calcis.

Desde allí, Calia se dirigirá tranquilamente a Atenas con la intención de llegar a tiempo para las Adonias, los rituales del luto por Adonis, el consorte de Afrodita que murió en plena juventud a causa de un extraño incidente con un jabalí. En las Adonias, la discriminación sexual es todavía más estricta que en otros acontecimientos musicales de Grecia, aunque esta vez favorece a Calia, porque las Adonias son un festival que se celebra exclusivamente por y para mujeres, y las intérpretes femeninas están muy solicitadas tanto para los actos públicos como para los privados. Por lo tanto, Calia tiene garantizado un empleo bien remunerado durante las Adonias, con el único inconveniente de que la música que acompaña al festival consiste sobre todo en unos larguísimos cánticos funerarios que la joven encuentra absolutamente tediosos. De todas formas, las Adonias podrían ser una buena ocasión para comprobar qué opina el público de la melodía en la que ha estado trabajando. Para componerla, ha recurrido a las estructuras de octavas frigias que ha descubierto en Asia Menor, pero moderándolas con quintas y terceras, más apropiadas para el público griego. Calia está realmente satisfecha con la pieza y tiene ganas de tocarla, aunque antes debe hallar una letra adecuada para la música.

Lo que le da mucha rabia, y no solo a ella, sino a casi todos sus compañeros de profesión, es que los Juegos Olímpicos no tengan una vertiente artística, a diferencia de lo que ocurre en la mayor parte de los festivales atléticos. Sin ir más lejos, ahí están los Juegos Pitios, que se celebran en Delfos en honor de Apolo. Durante este acontecimiento, como cabría esperar de una celebración en honor del patrón de las artes, tiene lugar un completo repertorio de pruebas, y además de hombres sudorosos que van corriendo y saltando hay recitales dramáticos, actuaciones de mimos y un extenso programa de certámenes musicales, tanto instrumentales como de canto y música.

Por otra parte, aunque en los Juegos Olímpicos no haya ningún certamen musical oficial, sí abundan las competiciones no oficiales. Prácticamente en ningún otro momento ni lugar del mundo helenístico puede encontrarse a tantos aristócratas y acaudalados hombres de negocios juntos en un acontecimiento, y además estos individuos siempre tratan de rivalizar entre sí, porque no hay mejor manera de mostrar la propia riqueza y sofisticación que patrocinando una prueba musical. De hecho, Calia visitó hace poco el ágora de Pérgamo y le llamó la atención el cartel de un certamen concreto, que se anuncia en todas las ciudades importantes de Anatolia y seguramente en otras partes del mundo helenístico:

> *Con el fin de que todas las personas puedan celebrar el festival olímpico de la mejor forma posible, el rey Antígono de Macedonia, a través de su emisario Perseo de Citio, pretende acompañar el acontecimiento con un certamen musical que tendrá lugar tras la conclusión de los dos primeros días de competiciones de atletismo.*
>
> *La primera prueba se celebrará al día siguiente de la procesión de los atletas que va desde Elis hasta Olimpia, e incluirá rapsodias (recitales poéticos), parodias (versiones humorísticas de la poesía heroica) y cantos acompañados por música de flauta.*
>
> *Al día siguiente habrá música de flauta y canto con cítara, seguidos de duetos e interpretaciones en solitario de tañedores de cítara. Todos los participantes deberán asistir a la clausura del certamen para actuar durante el sacrificio a Zeus por el bienestar del rey Antígono y por la paz y la prosperidad duraderas de la Hélade.*

Lo que más le ha llamado la atención a Calia es la cuantía de los premios. En la categoría que le interesa, el canto con cítara, se ofrecen mil dracmas al ganador, setecientos al que quede en segundo lugar y quinientos y cuatrocientos al tercero y cuarto respectivamente. Unas cifras enormes, comparables a las que se ofrecen en los premios de los grandes festivales helénicos como las Panateneas y las Ptolemaicas, aunque no es algo que la sorprenda, tratándose de un certamen patrocinado por el rey de Macedonia. Sea como sea, por semejantes sumas de dinero sin duda merecerá la pena viajar a la Élide. Además, aunque no pueda asistir a los acontecimientos deportivos de los Juegos Olímpicos —puesto que los hombres compiten desnudos—, al menos tendrá la oportunidad de escuchar la mejor música.

9

ΓΑΜΕ΄ΙΛΙΟΣ - ῾Η ῾ΟΛΟΚΛΗΡ΄ΙΑ

(junio – la culminación)

La latifundista

Durante la cosecha, Ífita necesita poner a trabajar a todos los hombres, mujeres, niños y animales que pueda encontrar. Cuando llega ese momento, los ociosos días de finales de primavera llegan a su fin. Las relajadas horas paseando por la viña o recostándose a la sombra del corral y el voluptuoso placer de dormir hasta el amanecer se ven sustituidos por el mes al que llaman Θεριστής («segador»), y nadie va a dormir mucho en las próximas semanas hasta que se hayan recogido los cultivos.

En los días de cosecha, es preferible tener un tercio de la tarea terminada antes de que salga el sol, así que Ífita siempre madruga. Aunque todavía está oscuro cuando se reúnen los trabajadores, debe comprobar que tienen sus víveres y sus aperos, que los bueyes están bien uncidos a los carros y que todo el mundo sabe en qué parcela le toca trabajar. La cosecha comienza en cuanto hay suficiente luz, cuando las espigas aún están húmedas de rocío y es más fácil cortarlas. Además, con el frescor de la mañana, antes de que el resplandeciente carruaje de Helios alcance la mitad del cielo y ni siquiera la piel curtida de los braceros sea capaz de soportarlo, se trabaja mejor. Y es que cada día es una carrera contra el sol, primero para terminar la tarea antes de que el calor se haga inaguantable, y después al final de la jornada, para guardar la mayor cantidad posible de la cosecha antes de que caiga la noche.

Ni que decir tiene que Ífita lleva ya semanas trabajando, acudiendo personalmente a visitar las distintas aldeas para verse con los campesinos locales, ya que debe competir con los demás latifundistas de la región por la mano de obra de estos pequeños propietarios. Durante buena parte del mes, todas las aldeas de la Élide quedarán despobladas. Solo se quedarán en casa los muy pequeños y los muy mayores, que permanecerán al cuidado de las cabras y las gallinas. Todos los demás son necesarios en el campo, y por eso resulta crucial que Ífita establezca vínculos duraderos con los habitantes de las aldeas en las que contrata a los cosechadores.

Y no menos importantes son las negociaciones con los propietarios de las explotaciones vecinas, para comprobar si alguno de ellos puede compartir algunos braceros y cuándo puede hacerlo. Por suerte, Ífita se ha arriesgado a sembrar trigo de invierno, mientras que casi todos sus vecinos se han decantado por la cebada, y como la cebada suele estar lista tres semanas antes de que haya que cosechar el trigo, Ífita dispone de más braceros (si bien muchos de ellos se encuentran ya agotados por las sucesivas jornadas de dieciséis horas, no en vano el esfuerzo de la cosecha suele compararse con una travesía de cinco días por mares tempestuosos).

La propia Ífita permanece en los campos desde antes del amanecer hasta después de que se ponga el sol para motivar a sus trabajadores, apremiándolos y organizándolos en equipos que compiten entre sí por ver cuál de ellos es capaz de hacer más gavillas de trigo en menos tiempo. Una vez anunciados los premios, los cosechadores avanzan por el campo en una fila desigual en la que los hombres, que van delante, agarran un manojo de trigo y lo cortan de un avezado tajo, arrojándolo después por encima del hombro mientras se agachan ya a cortar el siguiente; las mujeres, que van detrás, recogen los manojos hasta reunir aproximadamente una docena, y acto seguido los atan por la mitad con un tallo, formando un brazado que dejan sobre el terreno. Por último, los hijos mayores recogen los brazados, los atan de cuatro en cuatro y los dejan en posición vertical sobre la tierra, formando una hilera de gavillas que los carros recogerán y llevarán al granero. El proceso se ha mantenido inmutable desde hace al menos un milenio, cuando Homero escribió:

> *Los segadores cortan el trigo con oscilantes y afiladas hoces,*
> *y cuando los tallos caen en hileras,*
> *los atadores forman gavillas y las apilan.*
> *Detrás de ellos vienen los niños, recogiendo...*

Homero, *Ilíada*, canto XVIII, vv. 550-555

Aun así, el trigo no se siega todo, ya que la tradición dictamina que una parte le corresponde a la propia tierra y debe dejarse un rincón sin cosechar. Por suerte, la cosecha de Ífita ha sido bastante buena (la plaga de insectos no ha llegado a sus campos) y las espigas son grandes y están bien llenas, así que puede permitirse ser generosa.

Durante la pausa del mediodía, Ífita va pasando por los pequeños grupos de braceros que descansan recostados a la sombra de los árboles en las lindes del campo, riendo, cotilleando y holgazaneando. En estas ocasiones se reúnen los paisanos de distintas aldeas, y no son pocos los muchachos y muchachas solteros que aprovechan para echarse el ojo (mientras sus padres hacen lo propio, evaluando a los posibles compañeros para sus vástagos). A Ífita siempre le asombra la energía de la juventud, porque a ella, después de pasarse el día haciendo brazados, lo único que le apetece hacer en la cama es dormir... Y duerme como un tronco.

Últimamente, cuando los braceros se reúnen antes del amanecer, ha comenzado ya a asomar por el horizonte la constelación de Orión, lo cual es señal de que pronto empezará la trilla. Se trata de una ardua y engorrosa tarea, en la que los montones de trigo se extienden en la era y los braceros hacen turnos para majar las mieses con los largos mayales. Hay que dar golpes para que el trigo vaya separándose de la paja, y esto lleva unos cuantos días. Pasado ese tiempo, se podrá empezar a aventar el grano.

Ífita ha estado vigilando el cielo y ha visto unas ligeras nubes alargadas que indican que va a cambiar el tiempo. Si los secos y fuertes vientos etesios llegaran antes de lo previsto, podría aventar el grano en cuestión de horas. Cuando llegue el momento y el viento sea favorable, algunos de los braceros más fuertes se colocarán fuera del granero, al lado de los montones de trigo trillado, cogerán todo lo que puedan con el bieldo y lo lanzarán al aire: más arriba si el viento es suave, más abajo y en ángulo si el viento es fuerte. Si se hace bien, el grano cae a sus pies, y la paja, más ligera, es arrastrada por el aire para luego ser rastrillada y devuelta al campo, donde acabará descomponiéndose. Lo que queda al lado del granero es el producto de meses de duro trabajo en el campo: pirámides de grano listo para ser cribado y almacenado.

Y cuando la cosecha esté guardada, Ífita reunirá a braceros y allegados en una gran fiesta de despedida que seguro que se alarga durante un día y medio. Después, una vez que haya dado instrucciones precisas a su capataz sobre todo lo que debe hacerse en la finca, y todavía con algo de resaca, Ífita se irá a toda prisa al puerto de Pheia y embarcará hacia Atenas para asistir a la boda de su hijo.

El diplomático

Pese a sus años de experiencia en la diplomacia internacional, esta es la primera vez que Perseo visita Alejandría.

En cierto modo, resulta sorprendente que no haya estado aquí antes. A pesar de las rivalidades y de las disputas por el poder, a los monarcas helenísticos les gusta mantener un estrecho contacto diplomático, así que entre las capitales de cada ciudad-estado hay un flujo constante de embajadores que son enviados para dar la enhorabuena por el nacimiento de un vástago real, para intentar apaciguar un posible conflicto fronterizo o —muy frecuentemente— para discutir los términos de una alianza clandestina entre dos poderosos gobernantes con el fin de desestabilizar a un tercero.

En el caso de Perseo, son varias las razones por las que el rey Antígono ha decidido enviar a su emisario personal a Egipto. En primer lugar, porque han llegado a Macedonia algunos informes que afirman que Ptolomeo II no se encuentra bien de salud y que su largo reinado puede estar próximo a su fin. Antígono quiere saber si esto es cierto, ya que, si el monarca egipcio tuviera los días contados, resultaría vital que Perseo pudiera hacerse una idea acerca del sucesor designado, que lógicamente sería el rey Ptolomeo III (está claro que Ptolomeo II es un auténtico fastidio y una amenaza para la paz y la estabilidad del Mediterráneo oriental, pero nadie pone en duda que también es un gobernante extremadamente capaz, de modo que su sucesión se habrá organizado de forma tan ordenada como todo lo demás en su reino).

La segunda razón para la visita diplomática es algo que Perseo negaría con rotundidad si alguien fuera tan poco diplomático como para plantearle directamente el asunto. A grandes rasgos, lo que desea Macedonia es que estalle una guerra entre los egipcios y el reino seléucida. De este modo, mientras estos dos Estados rivales se estén peleando entre sí, Antígono de Macedonia tendrá vía libre para seguir con sus propios planes, así que Perseo debe informar a los ptolomeos —aunque tampoco hace falta entrar en detalles— de que, si los egipcios quieren atacar a los seléucidas, Macedonia no se interpondrá. Ahora bien, a cambio de esta benevolente neutralidad, los macedonios quieren que los egipcios se comprometan a dejar de interferir en Grecia, concretamente a dejar de apoyar de forma clandestina a los espartanos y de animar a ese joven agitador nacionalista, Arato de Sición, que parece decidido a hacer que todo el norte del Peloponeso se reúna en una alianza contra Macedonia.

Durante el viaje a Alejandría, Perseo había confiado en que sería fácil convencer a Ptolomeo, pero ahora se da cuenta de que tal vez estaba equivocado. El diplomático sabía que el Egipto ptolemaico era muy rico y poderoso, pero una cosa es saberlo de manera abstracta y otra muy distinta verlo en persona. Es más, Perseo se ha quedado impresionado con la ciudad de Alejandría antes de verla siquiera: cuando su barco se encontraba aún muy lejos del puerto, ha visto un parpadeo en el horizonte, como si alguien se las hubiera apañado para hacer flotar un escudo de plata sobre las olas. El capitán de la nave le ha asegurado que la luz no estaba en el horizonte, sino mucho más allá, y que lo que veía Perseo era de hecho el reflejo de un enorme espejo que se encuentra en la parte superior de la estructura artificial más alta del mundo: el gran faro de la isla de Pharos. Según el capitán, en los próximos años incluso van a empezar a encender un fuego por la noche, para que el alcance del faro sea aún mayor.

Horas después, cuando el barco entra lentamente en el gran puerto de Alejandría, Perseo tiene ocasión de inspeccionar el faro de cerca. Los andamios aún rodean buena parte del edificio, y los obreros se arremolinan aquí y allá llevando a cabo los remates finales, pero la imponente estructura está casi terminada y debe de medir por lo menos un estadio de alto, es decir, lo mismo que cuarenta edificios de una sola planta puestos uno encima del otro.

La poderosa torre ocupa gran parte del islote de Pharos sobre el que se asienta, aunque ahora hay un largo pontón que lo conecta con el resto de la ciudad. Y a la izquierda del puerto está el promontorio de Loquias, con sus edificios palaciegos, sus arboledas y sus apretadas hileras de casas que se elevan colina arriba, todo ello con las dimensiones más enormes que él haya visto jamás. Como embajador real, Perseo disfruta de un acceso privilegiado al Antirrodos, el aislado puerto para uso exclusivo de la realeza egipcia; lo cual es una lástima, porque el diplomático tiene muchas ganas de ver de cerca el puerto principal, abarrotado de barcos de todas las formas y tamaños imaginables, desde los extraños veleros de cabotaje arábigos hasta los enormes mercantes fenicios y los navíos de la flota comercial del Euxino, con sus sólidos cascos. Buena parte de la riqueza de Ptolomeo se debe al comercio y, mientras trata de permanecer impasible ante semejante despliegue, Perseo comprende claramente por qué.

El diplomático no lo dice, pero está impaciente como un niño por ver un camello por primera vez. Lo cierto es que esperaba poder ver alguno en Seleucia, pero casi todos los comerciantes internacionales que vienen de Oriente han pasado ya su carga a una recua de mulas cuando llegan al litoral mediterráneo. Los ptolomeos, sin embargo, han adoptado el camello como el mejor medio de transporte de mercancías desde los puertos del mar Rojo a Alejandría, y han importado cientos de ejemplares de Asia central, de donde son originarios. Y por lo que se ve, los camellos se han adaptado muy bien a su nuevo entorno norteafricano.

Por supuesto, la comisión de bienvenida que ha recibido a Perseo en el muelle quería impresionar al diplomático macedonio no solo con el poder y la riqueza de Egipto, sino también mostrándole que se encontraba en el centro del mundo helenístico. Por eso, después de que Perseo haya disfrutado de una noche de suntuoso lujo en los aposentos que le han sido asignados, sus anfitriones lo han llevado de visita por la ciudad.

El astuto diplomático se ha percatado de que lo han guiado discretamente hasta la zona griega, y de que sus escoltas no han mencionado en ningún momento a los fenicios, nabateos, árabes y numidios que componen una parte considerable de la población de Alejandría. Ahora bien, el populoso barrio judío ha sido más difícil de ignorar, ya que se encuentra muy cerca del palacio real y la pequeña comitiva ha tenido que atravesarlo para llegar al resto de la ciudad. En cualquier caso, incluso en la zona judía se nota la influencia egipcia, puesto que, junto a algunos edificios oficiales con elegantes pórticos griegos de esbeltas columnas corintias, hay otros que presentan las redondeadas columnas lotiformes autóctonas.

Si Perseo hubiera sido tan solo un eminente turista de visita en Alejandría, no habría dudado en acercarse a la tumba del distinguido fundador de la ciudad, Alejandro Magno. Pero en su caso esta visita no va a producirse, ya que, por lo que respecta a los indignados macedonios, el cadáver del gran conquistador es una propiedad robada que les fue arrebatada mientras la llevaban a Macedonia, donde debía celebrarse el correspondiente funeral en vez de ser enterrada ilícitamente en el suelo extranjero de Egipto. Esta maniobra, perpetrada por el primer Ptolomeo, fue un sonado golpe propagandístico, ya que, según dicta la tradición, la persona que sepulta a un rey macedonio es su sucesor y, al hacerse con los restos mortales de Alejandro y sepultarlos, Ptolomeo I estaba proclamando que era el soberano de todo el mundo helenístico, una aspiración que su hijo y sucesor ha adoptado con vehemencia.

LA GRAN BIBLIOTECA

El primer Ptolomeo que concibió la idea de construir una biblioteca que albergara todo el saber de la humanidad probablemente fue Ptolomeo I Sóter, pero fue su hijo Ptolomeo II quien la hizo realidad. Sus sucesores siguieron ampliando la biblioteca y, en su momento álgido, el edificio podría haber albergado hasta medio millón de rollos de papiro. La biblioteca formaba parte de una institución más grande denominada Museion, la cual reunía a los pensadores más importantes de la Antigüedad, por lo que podría decirse que fue la primera universidad del mundo. Muchos de estos estudiosos trabajaron con los textos de la biblioteca, y es probable que las versiones que nos han llegado de las obras de Homero y Hesíodo, entre otros autores antiguos, pasaran por sus manos.

Así que, en lugar de mostrarle este particular pedacito de insolencia ptolemaica, a Perseo lo han acompañado al Paneium, una enorme colina artificial al lado del gimnasio —que también es un impresionante complejo de edificios—, y desde allí le han mostrado las espléndidas vistas de toda la ciudad, que es ya la más grande del mundo conocido. Desde la colina se puede ver que Alejandría tiene forma de clámide —un tipo de manto propio de los caballeros—, y que se extiende por la gran lengua de tierra entre el Mediterráneo y el Mareotis, que es la parte del

Ilustración que muestra el posible aspecto de la gran biblioteca.

delta del Nilo donde el río se abre, convirtiéndose en un lago antes de llegar al mar. Y otro indicio de la meticulosa planificación de Ptolomeo son los curiosos hoyos que hay por toda la ciudad, que muy pronto se convertirán en enormes cisternas subterráneas capaces de garantizar el suministro de agua en caso de sequía, de asedio, o de cualquier otro imprevisto.

Mañana, Perseo visitará el gigantesco complejo del Serapeión y su Museion, en el que se encuentra la famosa biblioteca que puede ser considerada como la primera universidad del mundo. En todo caso, los encargados de mostrarle la ciudad al diplomático ya han cumplido su cometido. Ahora, a Perseo no le queda más remedio que agachar la cabeza y admitir que el Egipto ptolemaico es demasiado poderoso y tiene demasiada confianza en sí mismo como para sentirse intimidado por Macedonia, por Seleucia, o por los dos Estados juntos.

La fugitiva

Sentada en una pequeña habitación de alquiler, Tracia contempla una bolsita de lino llena de hojas secas, casi todas de un tamaño inferior a la punta de su meñique. Su mentora Eudoxia ha conseguido esa bolsa en un mercado de la pequeña población costera de Focea, y el hallazgo la ha entusiasmado hasta tal punto que ambas han dejado la caravana para dirigirse rápidamente hacia el norte en dirección a Pérgamo, donde por lo visto los hombres que habían vendido la bolsa al mercader de Focea pretenden deshacerse del resto de la mercancía.

Lo que se les había escapado a esos hombres —según le ha dicho Eudoxia a su aprendiz— era que, para la persona adecuada, estas hojas de apariencia ordinaria valen mucho más que su peso en oro. Tracia se pregunta ahora con escepticismo cómo es posible que los vendedores no supieran nada de este detalle tan interesante, pero, por triste que parezca, lo cierto es que buena parte de las mercancías que llegan por la Ruta de la Seda no acaban en manos de sus legítimos propietarios, y es muy posible que esos hombres hubieran asaltado el camello que transportaba esta carga concreta y se hubieran llevado un buen chasco al darse cuenta de que, en lugar de seda o especias, lo que habían robado era un saco lleno de hojas de extraño aspecto cuya utilidad desconocían por completo.

Pese a que estaban secas, las hojas eran muy aromáticas, así que el lote se había vendido en Focea como un mero ambientador. Y como proceden del Lejano Oriente, solo los herbolarios más avezados son capaces de reconocer que se trata de ajenjo dulce, una planta tan rara y valiosa que la sola idea de que había todo un alijo circulando por el norte de Anatolia sin ser reconocido ha hecho que Eudoxia entrara en una especie de delirio posesivo, y al descubrir que el cargamento de hojas iba en dirección a Pérgamo no ha dudado en dirigirse hacia allí a toda velocidad, llevándose con ella a su joven aprendiz.

Además, desde el incidente en Esmirna, el ambiente entre las herbolarias y el resto de la caravana se había enrarecido un poco. Cuando los «cazaesclavos» acusaron a Tracia de ser una fugitiva, Eudoxia se las había ingeniado para salir airosa de la situación sin recurrir exactamente a una mentira, aunque sí había tergiversado la verdad hasta alejarla bastante de su forma original. Tal como le habían pedido, había retirado el peplo de la muchacha y había estudiado su espalda durante un largo e incómodo silencio, y después había salido de la tienda para anunciar que no había visto ni rastro de las marcas de latigazos, y que estaba dispuesta a jurarlo ante cualquier divinidad y en cualquier templo de Esmirna. Y como el cartel de «Se busca» especificaba claramente que la esclava fugada tenía marcas de latigazos en la espalda, casi todo el mundo había dado el asunto por zanjado; además, para cuando los «cazaesclavos» irrumpieron de nuevo en la tienda con otra mujer dispuesta a ofrecer una segunda opinión, resultó que la muchacha en cuestión había desaparecido. Poco después, la caravana había dejado la ciudad, acortando una visita que podría haber sido más provechosa. Se trataba de evitar a toda costa que se descubriera la relación entre la herbolaria y los arrieros que habían propuesto que Eudoxia inspeccionara la espalda de Tracia, así como la conexión entre la herbolaria y su aprendiz.

Aunque Eudoxia había jurado que no había visto cicatrices en la espalda de Tracia, a partir de ese momento todos los que viajaban en la recua de mulas evitaban preguntar si además del peplo le había quitado la túnica interior, porque sospechaban —no sin razón— que no lo había hecho, y habían llegado a la conclusión de que la herbolaria estaba encubriendo a una esclava fugada. Esto había acabado generando un ambiente extraño, porque los miembros de una caravana son como un clan y habían llegado a considerar a Tracia uno de los suyos. Además, las autoridades siempre están buscando algo con lo que sacar el máximo provecho de los comerciantes, y ahora Tracia se había convertido en un punto débil. Sí, lo mejor es que siguiera su propio camino cuanto antes, y la pequeña bolsa de hojas secas hallada en Focea era la excusa perfecta. Así que, ahora mismo, Tracia espera impaciente en una pequeña habitación de alquiler, mientras Eudoxia recorre los mercados de Pérgamo en busca del rarísimo ajenjo y del tipo de cliente específico que estaría dispuesto a pagar lo que fuera para hacerse con él.

LA MEDICINA EN GRECIA

Sabemos mucho sobre la medicina griega porque los médicos llevaban un registro preciso de los síntomas, los tratamientos y los resultados. Esto era importante, ya que la atención sanitaria griega, aunque ahora nos ponga los pelos de punta al compararla con la actual, superaba con creces a la de los milenios posteriores. De hecho, los mejores médicos medievales tendían a imitar las prácticas griegas, y los textos sobre amputaciones de Hipócrates seguían siendo una lectura habitual para los cirujanos del frente durante la Primera Guerra Mundial. Incluso hoy en día, el símbolo de la atención sanitaria es la vara con la serpiente enrollada de Asclepio, el dios de la medicina —aunque los facultativos estadounidenses, en lo que constituye una total aberración histórica, utilizan el caduceo de Apolo—, y los médicos comienzan a ejercer recitando el juramento hipocrático, con su famoso precepto de «lo primero es no hacer daño». No obstante, buena parte de los médicos griegos empleaban una mezcolanza de remedios populares —lo cual no tiene por qué ser necesariamente malo—, superstición y creencias religiosas —que tampoco le iban a hacer ningún daño a los pacientes más devotos—. Hay una lápida griega que registra el caso de un médico que trató de curar a un jorobado colocándole piedras cada vez más pesadas sobre el pecho, y no sabemos si el paciente falleció debido a una fractura de la columna vertebral o a la asfixia, pero la lápida nos indica mordaz que «murió más recto que una vara».

La expedición del primer día no ha tenido éxito, aunque Eudoxia ha regresado con una cesta de nueces que a la inexperta Tracia le han parecido ciruelas medio secas. Pelar las nueces ha sido bastante engorroso, pero Eudoxia le ha dicho que el jugo resultante del fruto del nogal es lo más parecido que existe a un tinte permanente castaño. Y ahora, de un día para otro, Tracia ha cambiado el llamativo rubio rojizo de su cabello por un vulgar color castaño. Ya solo le queda quitarse el tinte de los dedos y podrá volver a aventurarse al mundo exterior con un pañuelo en la cabeza, del que asomará un mechón de cabello castaño que también le servirá para cubrirse el cuello. Así podrá sentirse segura y ayudar a su mentora a recorrer los mercados en busca de esas escurridizas hojas secas.

La verdad es que las nueces sobrantes están muy buenas, y esto es mucho más de lo que puede decirse del ajenjo. Aunque solo sea una aprendiz de herbolaria, Tracia está familiarizada con el ajenjo común, que se frota en la piel para repeler a los pequeños insectos y se ingiere para eliminar los parásitos intestinales. Al igual que ocurre con el abrótano, las infusiones de ajenjo sirven para curar la resaca, y en los últimos meses Tracia ha preparado más de una y más de dos para su mentora... Sin embargo, al dar un pequeño mordisco a este ajenjo tan raro para probar su sabor, lo encontró tan amargo que se pasó un buen rato tratando de librarse del horrible regustillo que le había dejado. Si este es el «ajenjo dulce», la verdad es que no le han quedado muchas ganas de probar el otro.

Esta tarde, Eudoxia ha regresado con la noticia de que ha encontrado un cliente para el ajenjo, aunque todavía no ha localizado el resto del cargamento. Al anochecer, han subido la cuesta —en Pérgamo solo hay dos direcciones, cuesta arriba y cuesta abajo— y se han dirigido a un elegante edificio con unas espléndidas vistas de la llanura misia, donde primero han estado hablando con un joven médico y después con su paciente, un esquelético hombre de mediana edad cuyo sufrimiento parecía estar a punto de acabar con él.

Desde luego, no es la primera vez que Tracia entra en una cocina. Sin embargo, cuando se disponían a preparar la poción, a Eudoxia le ha costado sacarla del embelesamiento en el que ha quedado sumida debido a la gran cantidad de carísimos recipientes y utensilios que hay en la estancia. Mientras prepara la poción, su maestra le explica que el hombre padece fiebre cuartana y que lo único que puede aliviarlo son las hojas del ajenjo dulce. La anciana le indica meticulosamente a Tracia cómo debe machacar las hojas en el agua caliente, añadiendo un poco de corteza de sauce para mitigar los dolores musculares que el paciente sin duda estará sufriendo. El agua debe estar lo bastante caliente para que los aceites esenciales salgan de las hojas, pero no demasiado, para evitar que se evaporen. Los capullos que hay en la bolsa de tela no son imprescindibles —añade Eudoxia—, pero se incluyen para demostrarle al cliente que la hierba se recogió justo cuando estaba comenzando a florecer, porque es entonces cuando más potente es el fármaco que contienen las hojas. Según Eudoxia, solo esta taza del medicamento que están a punto de llevar al piso de arriba vale más que todas sus ventas normales de una semana en el ágora, y cuando el mercader sienta el alivio que le va a proporcionar el ajenjo dulce, estará dispuesto a pagar todavía más.

Ahora resulta crucial que Eudoxia consiga encontrar el resto del cargamento de ajenjo; esto le permitirá lograr unos enormes beneficios y, al mismo tiempo, asegurar el bienestar de esa problemática aprendiz a la que le ha cogido mucho más cariño del que nunca se atrevería a confesar.

El atleta

La época de los festivales es un buen momento para el velocista Similo, que se ha pasado los últimos meses viajando por la costa del Egeo y participando en carreras por todas partes, desde Bizancio hasta Rodas. Cada ciudad tiene su propio ciclo de festividades, algunas en honor de la divinidad tutelar, otras en honor del fundador y otras para adular servilmente al último gran monarca helenístico que haya sido un benefactor para la ciudad o que se haya abstenido de destruirla.

Todos estos festivales tienen un componente religioso con procesiones y sacrificios, y la mayoría ofrecen asimismo competiciones de atletismo y certámenes musicales. Similo suele ser bienvenido en las pruebas atléticas, aunque ahora ha aprendido la lección y compite con su nombre. Lo cierto es que la mayor parte de los corredores contra los que Similo competirá en los Juegos Olímpicos se entrenan en sus ciudades natales, y la presencia de un atleta de élite foráneo aporta algo de prestigio a las pruebas en las que participa.

Y es que, cuando un atleta envía un aviso a Olimpia para informar de que tiene intención de competir, se compromete además a entrenar durante diez meses antes del acontecimiento. El entrenamiento suele realizarse en la ciudad natal del corredor, ya que allí, en caso necesario, habría testigos capaces de corroborar que el atleta ha seguido su régimen de ejercicio; aunque siempre hay excepciones y algunos atletas son itinerantes —como Similo, que ni siquiera puede acercarse a su ciudad natal debido a las contingencias de la guerra—, y a estos atletas las victorias en los festivales locales les permiten demostrar que se han estado preparando para los Juegos Olímpicos durante todo ese tiempo.

De hecho, precisamente porque es bastante habitual que los viajes se vean interrumpidos a causa de la guerra, durante este periodo la ciudad de Elis envía embajadores que anuncian por toda Grecia la fecha de inicio de la tregua olímpica. A partir de ese momento, los visitantes y los atletas que vayan a asistir a los juegos se encuentran bajo la sagrada protección de Zeus y bajo la mundana protección de las autoridades de la Élide, y debe permitírseles el paso sin restricciones incluso por los territorios de aquellos Estados que se encuentren en guerra.

Y si alguien quiere saber cómo un Estado relativamente poco militar como la Élide es capaz de imponer su voluntad sobre el resto del mundo griego —aunque, para desgracia de Similo, no sobre los beligerantes romanos y cartagineses—, que se lo pregunte a los espartanos. En cierta ocasión, con la excusa de que no habían recibido aún al heraldo de la Élide que anunciaba la tregua, los espartanos decidieron atacar la población de Lepreón, y el ataque les costó la inmediata expulsión de los juegos como competidores y como público. Los espartanos recurrieron la expulsión y se les permitió competir, pero tuvieron que pagar una multa de dos minas por cada soldado que hubiera roto la tregua, así que, teniendo en cuenta que en el ataque participaron más de un millar de hombres y que una mina equivalía a cuatro meses del salario de cada uno... el tesoro de Esparta se llevó un buen varapalo por los precipitados actos de su monarca.

Similo encuentra muy divertido que, últimamente, su entrenador haya empezado a hacer ejercicio con él y se haya impuesto una dieta todavía más severa que la suya. Según dice, así Similo tendrá a alguien con quien competir, y además se generará un mayor compañerismo entre ellos, aunque el joven atleta sospecha que hay otro motivo para la repentina inclinación de su entrenador por la dieta y el ejercicio. Y es que ahora mismo se encuentran en la isla de Lesbos, a punto de embarcarse hacia Argos, desde donde viajarán por tierra a Elis para acudir al estadio de Olimpia. Un mes antes de los juegos, todos los atletas que vayan a competir deberán presentarse en Elis ante los jueces olímpicos o *hellanodikai* y, una vez allí, serán distribuidos entre los tres gimnasios de la ciudad para finalizar sus entrenamientos con su entrenador y con el entrenador supervisor asignado por los *hellanodikai*. Durante este periodo, Similo seguirá haciendo ejercicio desnudo como de costumbre, pero con la diferencia de que su entrenador también tendrá que dar las instrucciones en cueros; y como Similo es un velocista de élite y muchas veces se aloja con altos funcionarios que quieren presumir de él en los simposios, su entrenador suele disfrutar de las mismas ventajas —entre ellas la excelente cocina— y ahora está pagando por sus excesos mientras trata de quitarse ese obstinado barrigón antes de que lo vean los demás entrenadores y el resto de los atletas.

El entrenador debe agradecerle esta tortura a una mujer llamada Calipatira, hija y cuñada de campeones olímpicos y entrenadora de su hijo, que también fue campeón olímpico. Y fue este último título el que casi le costó la vida, ya que Calipatira se empeñó en acudir a Olimpia con su vástago para seguir entrenándolo hasta el mismo día de la competición. Pues bien, entre la aldea de Skillos y Olimpia, antes de cruzar el río Alfeo, hay un enorme afloramiento rocoso tremendamente escarpado que las gentes del lugar conocen como el Tipaión, y en la Élide hay una ley que establece que toda mujer que sea sorprendida asistiendo a los Juegos Olímpicos o simplemente cruzando el Alfeo en un día prohibido será arrojada a una muerte segura desde la roca más alta del Tipaión. Los habitantes de la Élide nunca han llegado a aplicar esta ley, pero está claro que Calipatira puso al límite su paciencia cuando se disfrazó de hombre para asistir a los Juegos Olímpicos a entrenar a su hijo... ¡y es que hasta se quedó a ver la competición! Resulta que Calipatira se emocionó tanto al ver ganar a su hijo que saltó la valla que separaba a los entrenadores de los participantes y, por desgracia, su túnica se quedó por el camino... y este problemilla con el vestuario puso al descubierto toda su esplendorosa feminidad. El bochorno fue importante, y no solo para la señora en cuestión, pero lo cierto es que nadie quería aguar la fiesta olímpica ejecutando a la madre de uno de los vencedores, de modo que, al final, se decidió que, teniendo en cuenta que Calipatira formaba parte de una familia de distinguidos campeones olímpicos, la cosa se quedaría en una seria advertencia. Ahora bien, con el fin de asegurarse de que nadie pudiera repetir el engaño nunca más, se estableció que, a partir de entonces, todos los entrenadores que acompañaran a los deportistas a los Juegos Olímpicos deberían ir en cueros para que no quedara ninguna duda respecto a su sexo.

Así que ahora el entrenador de Similo va farfullando instrucciones mientras galopa detrás de su veloz aprendiz, al que ha recomendado encarecidamente que se abstenga de mantener relaciones sexuales con el argumento de que su conducta debe atenerse a las estrictas normas morales que se esperan de un campeón. Aun así, Similo se ha dado cuenta de que su propio entrenador no ha dejado su relación con esa jovencita milesia de cabello rizado.

10

ἈΓΡΙΆΝΙΟΣ - Ἡ ὉΛΟΚΛΗΡΊΑ

(julio – la culminación)

La novia

Se acerca la mañana, y los últimos rayos de la luna llena iluminan el rincón de la alcoba donde Apia rememora somnolienta las que sin duda han sido las veinticuatro horas más agitadas de su corta vida. A falta de cerrar algunos de los rituales necesarios para que las nupcias sean oficiales, Apia se dice que probablemente ya puede considerarse a sí misma una mujer casada, puesto que sin duda alguna el matrimonio en sí ya se ha consumado. La joven recuerda sus *proaulia* —una especie de despedida de soltera— y las instrucciones a menudo obscenas que le habían dado sus hermanas explicándole dónde iba cada cosa... y ahora se le escapa una sonrisa al pensar en lo divertido que ha sido poner en práctica la teoría.

El hecho de que nadie se hubiera molestado en explicárselo a Calípides ha sido de gran ayuda, eso está claro. Así que, durante la noche pasada, Apia ha desdeñado el papel de novia sonrojada y ha tomado las riendas de la situación para ilustrar los aspectos más prácticos de las procaces canciones de boda (*epithalamia*) que los amigos del novio les habían cantado en la puerta de la alcoba, hasta que las últimas serenatas fueron sustituidas por ronquidos de borracho.

Desde luego, había sido un gran día... y una gran noche. Tras las *proaulia*, el proceso de casar a Apia se había acelerado. En primer lugar, su padre había cortado ceremoniosamente algunos mechones del cabello de su hija, en un gesto que simbolizaba el corte de los lazos con su vida anterior y con el hogar familiar; a continuación, habían llevado a la novia al *loutra*, el solemne baño lustral, una refrescante ceremonia que a Apia le había servido para eliminar la leve resaca causada por el vino que su hermana mayor había introducido a escondidas en las *proaulia*.

A media tarde, en el santuario de Urano suntuosamente decorado los hombres —entre ellos el ruborizado novio— habían empezado a participar del ambiente festivo de la ceremonia nupcial, después de que la familia y los allegados de la feliz pareja se hubieran deleitado con el cordero asado del sacrificio que había realizado el padre de Apia en aras del éxito del matrimonio. El cordero, para sorpresa de todos, procedía de la Élide: había acompañado a la madre del novio durante todo el viaje desde la explotación familiar.

Y hablando de la madre del novio... Nada más llegar, Ífita se había encerrado con la madre de Apia y había asumido de inmediato la organización de la ceremonia, así como parte de los gastos, para el secreto alivio de la familia. Y cuando el padre de Apia se había atrevido a proponer alguna de las canciones nupciales que acompañarían a los novios durante el largo proceso, Ífita lo había mandado a freír espárragos con una cita del dramaturgo Eurípides que decía algo así como «¡No, por Hera, diosa y reina de Argos! Ve a ocuparte de lo de fuera de casa, que aquí dentro soy yo quien decide» [lo que resulta muy apropiado para la novia].

Al ponerse el sol, las matronas y las muchachas se habían unido a la ceremonia nupcial. Apia permanecía sentada, engalanada y cobijada tras el velo teñido de azafrán, percibiendo el afecto de las mujeres casadas y las miradas envidiosas de las chicas solteras. Apia nunca había recibido tanta atención en su vida y estaba tan abrumada que se sentía algo aturdida. No estaba muy segura de lo que sucedía, ya que nadie parecía pensar que necesitara comprenderlo o siquiera participar en los acontecimientos... Aunque desde luego se había enterado del momento en que su nuevo marido le había levantado suavemente el velo teñido de azafrán, a través del cual había estado tratando a duras penas de ver la fiesta que se celebraba a su alrededor. El ritual de la retirada del velo (ανακαλύπτραια) era otro de los pasos que marcaban su transformación de novia en esposa, como también lo era el momento en el que la pareja tomaba su primera comida en común, la torta de sésamo que se consumía poco después.

Entre Calípides y Apia la compenetración había sido inmediata, ya que ambos compartían la sensación de verse arrastrados por unos acontecimientos que controlaban los demás; una impresión a la que sin duda contribuían las constantes instrucciones que Ífita daba a Calípides a través del agobiado padrino y los jocosos comentarios de las hermanas de Apia, cuyas risas daban a entender que sus observaciones no debían tomarse en serio.

Y todo el tiempo se percibía el embriagador aroma del asado, la cacofonía de las bulliciosas conversaciones, los gritos de las bailarinas, el perfume de las hierbas sagradas al quemarse, el plañido de la flauta y el tañido de la lira... todo ello acompañado por el remolino de colores de las prendas de ropa y por las antorchas que se habían encendido para sustituir a la luz ya agonizante del sol.

En un momento dado, Apia se había dado cuenta de que la fiesta nupcial estaba algo menos concurrida, y había supuesto acertadamente que algunos de los invitados —entre ellos Ífita, su suegra— se habían escabullido a preparar el nuevo hogar para recibir a la novia. Aunque, en este caso, el «nuevo hogar» no era otro que el lugar en el que Apia había pasado toda su vida y donde todavía se quedaría un mes más, ya como mujer casada, mientras Calípides finalizaba sus estudios. En agosto, ambos se dirigirían a la Élide como un matrimonio.

Tras recibir un leve empujón por parte de una de sus hermanas, que había permanecido bien atenta a los acontecimientos, Apia se había levantado en el momento preciso, sintiendo intensamente el silencio de todos los presentes, que se habían quedado paralizados para ver cómo la novia y sus familiares más próximos entraban en el santuario. Una vez allí, el padre de Apia había cogido la mano de su hija y la había unido a la de Calípides, que estaba algo temblorosa. A partir de entonces, el padre, tras pasarle la función de protector masculino al marido, dejaba de tener un papel formal en la celebración.

Luego los recién casados habían abandonado el recinto y, mientras los familiares y allegados les lanzaban montones de frutos secos, higos y dátiles, se habían subido al carro de bueyes que los trasladaría a la alcoba matrimonial. Apia volvía a ser el centro de atención y se sentía algo abrumada, aunque feliz, mientras recorrían las calles entre el estruendo de la comitiva nupcial, con los jóvenes bailando en corro, las flautas plañendo sobre el tañido de las liras y las felicitaciones a gritos de todos aquellos que iban encontrando en su camino, que les daban la enhorabuena desde las puertas y las ventanas de los pisos de arriba.

Cuando la comitiva estaba llegando a la engalanada puerta de la casa, donde Ífita esperaba sosteniendo una antorcha bien alta en señal de bienvenida, los músicos —que hasta ese mo-

La novia se dirige a su nuevo hogar.

mento parecían haber estado compitiendo entre sí en lugar de tocar al unísono— comenzaron a interpretar juntos una canción que cantaba la comitiva al completo:

Oh, inmortal Afrodita, hija de Zeus, tejedora de engaños,
bendita señora a la que rezo, no me partas el corazón de pena.
Pero si alguna vez oíste de lejos mis cuitas y las atendiste,
acude ahora como acudiste entonces desde la morada de tu padre,
cuando aprestaste tu carro y la belleza de las veloces golondrinas
te arrancó del cielo sobre la tierra oscura.

[Safo: *Oda a Afrodita*, versos 1-3]

Después de eso, las celebraciones habían proseguido en el patio de la casa de Apia hasta que las estrellas del Triángulo de Verano —el Águila, el Cisne y la Lira— habían empezado a brillar en lo alto. Y entonces, acompañada por sus hermanas, la joven Apia se había dirigido decorosa a la alcoba nupcial, mientras un grupo de amigos agarraban al aterrorizado Calípides y lo arrojaban al interior de la estancia.

Ahora, acurrucada al lado de su marido, que sigue durmiendo, Apia espera impaciente el desayuno nupcial para examinar los regalos que Ífita le ha traído de la Élide. Quién sabe, tal vez la vida de casada no esté tan mal, después de todo.

El constructor

Todo constructor está destinado a experimentar distintos sentimientos al ver su obra terminada: sentirá satisfacción si se trata de un trabajo bien hecho y sentirá alivio por haber completado el proyecto. Además, en el caso de Metón se puede añadir un sentimiento de amargura por todas las componendas que ha tenido que aceptar para acabar más rápido, una sensación de fastidio por los cambios que el cliente ha impuesto a su diseño y algo de vergüenza por los errores y los defectos que, aunque imperceptibles para el visitante corriente, resultan obvios para un ojo experto.

Por ejemplo, está claro que el sillar de aquella esquina está un poco torcido, y que hay como un dedo de diferencia entre la derecha y la izquierda. Y una inspección superficial bastaría para que uno se diera cuenta de que tiene una fractura en el centro que se ha tapado meticulosamente con polvo de mármol y cemento, pero que ahí está. No es culpa de Metón, el sillar se deslizó de la cuerda mientras lo colocaban en su sitio y se estrelló contra el estilóbato, el suelo sobre el que ahora se alzan las columnas, y como no tenían sillares de repuesto tuvieron que recomponerlo como pudieron.

El problema es que, al estar readaptando un templo antiguo, Metón ha tenido que usar sillares de piedra de segunda mano. Los proveedores de materiales de cantería recién extraídos entregan la piedra labrada con unos salientes a los lados para atar la cuerda, de manera que resulte más fácil colocar los sillares, y después, una vez que están en su sitio, los salientes se eliminan con el cincel y se deja una pared de piedras lisas y enteras que harán las delicias del visitante. Sin embargo, ni siquiera los pocos sillares nuevos que pudo encargar Metón han resultado satisfactorios, ya que son totalmente rectangulares y carecen de esos ligeros ángulos y curvaturas que pueden hacer que un templo parezca más grande, más recto y más elegante. Las paredes del Partenón ateniense, sin ir más lejos, están un poco inclinadas hacia el interior, y eso crea la ilusión de que el edificio es más alto de lo que es en realidad. Si el Partenón midiera cincuenta estadios de altura, las paredes llegarían a tocarse y le sobraría la cubierta, pero la falta de tiempo y de artesanos cualificados ha hecho que los muros del sólido templo de Serapis, construido a toda prisa, sean tan rectos que no se encontrarían hasta el infinito, por lo que el edificio —en opinión de su resentido constructor— da la impresión de tener el caballete tan achaparrado como un sapo deforme.

LA FUNCIÓN DE LOS TEMPLOS GRIEGOS

Posiblemente, el dato más importante que debemos tener en cuenta al hablar de un templo griego es que no se trata de una iglesia. En una iglesia, los fieles se congregan para adorar a su dios, así que está diseñada para facilitar el culto. Un templo griego, en cambio, no está hecho para cumplir esa función, ya que los fieles corrientes nunca llegaban a pisar el interior del edificio: el templo era literalmente la casa del dios, y la gente normal no entraba. Los únicos que accedían al templo eran los sacerdotes que servían al dios, es decir, unos funcionarios religiosos cuyo trabajo consistía en garantizar que se realizaran los sacrificios y los festivales en el momento oportuno y que las ofrendas del sacrificio fueran las adecuadas. Los sacerdotes griegos no llevaban a cabo labores pastorales y la mayoría de ellos no tenían ningún interés por el bienestar moral de su «congregación», cuyos integrantes solían adorar a otros dioses según el momento. En la Antigüedad, los sacerdotes no pronunciaban sermones, por lo que no había motivo para acudir al templo a escucharlos.

Metón realiza un rápido repaso mental del edificio recién terminado, desde el sótano hasta la cubierta, viendo lo que ha salido bien y lo que no, y archivando mentalmente las conclusiones para usarlas como referencia en el futuro. Aunque, teniendo en cuenta la alta suma que le han pagado sus complacidos clientes, es muy posible que no tenga que volver a trabajar si no le apetece, ya que ahora es un hombre rico.

Pues bien, Metón está medianamente satisfecho con el basamento, que se compone del estereóbato, el crepidoma y el estilóbato. Aquí la mejor parte es el estereóbato, aunque resulta frustrante saber que nadie lo verá, ya que es la parte que se encuentra bajo el estilóbato. Para construirlo se han empleado bloques de granito cuadrados que descansan sobre un sólido lecho de roca natural. Esta vez no habrá terremoto capaz de derribar el templo, porque la base es tan sólida que, antes de que una sola columna se venga abajo, el monte Cronio dará una voltereta. El crepidoma está formado por tres capas de piedra, cada una de las cuales es algo más pequeña que la anterior, por lo que el templo consta de tres grandes escalones que suben al estilóbato, el suelo de mármol pulido. El estilóbato, por cierto, tiene una pequeña grieta en el medio, producida por un sillar de piedra labrada que se cayó desde una altura considerable.

Todo lo que se encuentra por encima del suelo se corresponde con un tipo de diseño puramente funcional que se denomina «tetrástilo anfipróstilo», con columnas dóricas delante y detrás —acanaladas, por desgracia— y una sólida *naos* en el centro. La *naos* es la estancia central del templo y se construye como la caja fuerte de un banco, porque eso es exactamente lo que es. Ahora mismo, los obreros están introduciendo por las puertas de bronce macizo del templo los andamios y las piezas desmontadas de marfil con las que, en los próximos diez días, se va a reconstruir pacientemente la estatua crisoelefantina —de oro y marfil— del dios que dominará el interior del edificio. La parte de «oro» de la escultura es la más fastidiosa, porque Metón debe rendir cuentas hasta de la última pizca del precioso metal; aunque, por suerte, lo que en apariencia son unos trozos enormes de oro macizo —como los mechones del cabello divino— en realidad no son más que unas láminas de oro finas como un pañuelo que han sido clavadas cuidadosamente sobre la escultura de madera. A partir de ahora, las ofrendas que se realicen al dios se almacenarán en el sótano del templo; allí irán a parar las estatuillas de oro, los trípodes votivos y todos esos tesoros que suelen amontonarse en los templos igual que el liquen se va acumulando en las rocas.

La estatua también ha sido una auténtica tortura para el constructor, que se ha visto obligado a enviar a varios mensajeros hasta la otra orilla del Mediterráneo para localizar al mercader que se suponía que iba a entregarle el marfil. Cuando por fin lo consiguió, lo organizó todo para que los escultores comenzaran a trabajar con el material ya en Alejandría, antes incluso de que se enviara a Grecia. Y como el oro había llegado a la Élide por separado, al final Metón tuvo que enviarlo de vuelta a Egipto para que los ebanistas, los escultores y los orfebres pudieran trabajar juntos en el mismo sitio. Finalmente, el mercader se había presentado con la estatua completa —aunque desmontada—, y ahora se está instalando en el templo. El hombre se ha excusado por su retraso alegando que ha estado enfermo, y la verdad es que se trata de una excusa bastante creíble, porque la última vez que Metón vio a alguien con tan mal aspecto fue cuando divisó un cadáver en un féretro camino de la cremación.

Quedan menos de tres semanas para los Juegos Olímpicos, así que en el recinto hay mucho movimiento y ya han empezado a subir por la colina los primeros visitantes para mirar embobados las obras del nuevo templo. Casi todos los canteros y los obreros han recibido su paga, aunque ha habido un momento en que no se sabía qué se iba a acabar primero, si el templo o los fondos de Metón... Sin embargo, ahora que los egipcios le han enviado el último pago, hay dinero de sobra para los pintores y escultores que están realizando los remates finales.

Y es que un templo griego no es un edificio monocromático de puro mármol blanco, ya que a los griegos les gustan los templos de colores llamativos y chillones: los capiteles de las columnas se pintan de verde (en este caso, la pintura está hecha con malaquita); las falsas vigas del arquitrabe se pintan de marrón y se les intercalan paneles de color azul intenso (azurita); las placas florales de las paredes se destacan con color rojo (cinabrio) y amarillo (arsénico), y se añade profundidad artificial a las sombras usando un color negro de huesos quemados. Y la cubierta, por supuesto, es del vistoso color rojo de las tejas de arcilla. Cuando los pintores hayan terminado, el templo se alzará como un pavo real en todo su colorido esplendor. Esa riqueza de colores tal vez no sería apropiada para el ambiente más apagado de

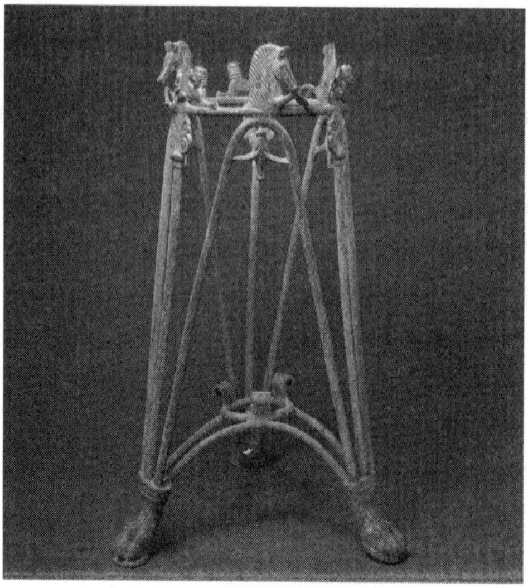

Trípode votivo de bronce.

las regiones del norte, pero resulta perfectamente natural bajo el brillante sol del Mediterráneo.

Metón estudia el edificio durante un momento y se encoge de hombros: tiene que reconocer que es precioso... Aunque si alguien llegara a enterarse de los rápidos apaños y de las chapuzas que se han hecho durante la construcción, tendría que admitir que se trata de una belleza superficial. Sea como sea, teniendo en cuenta el plazo y los materiales disponibles, la verdad es que no ha hecho un mal trabajo.

La fugitiva

Tracia ha regresado a Grecia. Durante mucho tiempo había temido que volvería encadenada, como una esclava fugitiva que ha sido capturada y espera el castigo de sus amos. Pero no, ahora Tracia es una de las integrantes del séquito de un acaudalado mercader, y es respetada y aceptada como tal.

También ayuda el hecho de que Tracia ya no se parece demasiado a la esclava descrita en los carteles de «Se busca» que aún se leen de vez en cuando en los mercados, ya que a lo largo del último año su apariencia ha cambiado enormemente. Ahora no se salta una sola comida y además ha pegado un estirón tardío, por lo que no está tan delgada y es más alta; y desde luego tiene más confianza en sí misma que aquella fugitiva flacucha que huyó al Pireo hace ya casi doce meses. Además, no se ha cortado el pelo en todo este tiempo y, cuando no lleva el cuello cubierto con un recatado pañuelo, se lo deja suelto, por lo que el tatuaje queda oculto bajo el cabello castaño —o nogal, más bien— que le cae sobre los hombros.

Sintió mucho separarse de su mentora en Pérgamo, y en la despedida no faltaron las lágrimas, sobre todo porque Eudoxia estaba muy sensiblera y muy entonada después de celebrar a lo grande que había encontrado el resto de la remesa extraviada de ajenjo dulce. Y es que, de haberlo sabido, incluso el propio mercader no habría tenido más remedio que alabar la sagacidad para los negocios de Eudoxia, que había comprado el ajenjo a sus incautos propietarios por menos de una décima parte de su valor real y dos días después lo había vendido por el doble de su valor de mercado. El cliente, por supuesto, era el propio mercader, que estaba tan eufórico por haberse recuperado que sin duda habría estado dispuesto a pagar más, teniendo en cuenta que no podía conseguir el medicamento en ningún otro sitio.

Por otra parte, Eudoxia había exagerado considerablemente al contarle al mercader hasta qué punto era difícil preparar aquella tintura de ajenjo dulce que tanto alivio le procuraba. La preparación, había insistido la astuta Eudoxia, solo podía llevarla a cabo una herbolaria experta, que debía estar siempre cerca del paciente para suministrar la dosis a intervalos regulares (Eudoxia le había explicado con franqueza a Tracia que no tenía ni la menor idea de cuáles eran esos intervalos, así que su aprendiz tendría que averiguarlo por sí misma a fuerza de ir probando; aunque lo bueno era que los demás aún sabían menos que ella y, si cometía algún error, seguramente nadie iba a darse cuenta).

La cuestión era que la enfermedad ya había retenido al mercader en Pérgamo durante demasiado tiempo, y ahora necesitaba dirigirse urgentemente a Alejandría primero y a Grecia después. Así que, a cambio de una bonita suma adicional, Eudoxia se había visto forzada a cederle a su aprendiz, no sin antes encargarse de exagerar sus estupendas dotes para la medicina. Además, la herbolaria había afirmado que estaba dispuesta a desprenderse de ella no solo porque le preocupaba mucho el bienestar del mercader, sino también —y aquí echó mano de una mentira— porque su aprendiz estaba a punto de terminar su formación y se iba a marchar muy pronto de todas formas.

Desde luego, una cosa era segura, y es que si Tracia pensaba que su formación había sido severa antes de llegar a Pérgamo, eso no era nada comparado con las lecciones que había recibido a lo largo de los diez días siguientes, en los que Eudoxia había tratado de embutir en la cabeza de su mareada aprendiz décadas de saber herbolario. Por ejemplo, imagina que el mercader está a punto de embarcarse en un largo viaje por mar. Si él mismo u otros miembros de su séquito sufrieran mareos, ¿qué remedios habría disponibles? Respuesta: jengibre crudo de la India alternado con algunas dosis de té de menta, porque la menta ayuda a asentar el estómago (además, si al paciente le entraran ganas de vomitar, el té de menta le sentaría bien porque no tendría el estómago vacío, y el jengibre le calmaría las náuseas que producen el vómito). ¿Y si las comidas abundantes le produjeran indigestión? Respuesta: tintura de pataca... Y así sucesivamente, una pregunta tras otra.

De momento, nadie ha cuestionado los precarios conocimientos médicos de Tracia, aunque su visión del mundo sí parece necesitar una constante actualización. Cuando era niña, su aldea a la orilla del río era lo único que conocía y las montañas que se veían en el horizonte marcaban los confines de su universo. Luego vino Atenas, donde había más gente de la que ella habría podido imaginar. Después, Halicarnaso, que fue otra revelación, porque nadie se había tomado la molestia de enseñarle geografía a una muchacha esclava analfabeta, y cuando descubrió que había al menos dos ciudades del tamaño de Atenas, se quedó pasmada. Y por supuesto, ahí estaba el viaje con la recua de mulas, que había ampliado considerablemente los horizontes de la joven fugitiva... Aunque nada podría haberla preparado para lo que le esperaba en Alejandría.

EL PÚBLICO OLÍMPICO

Todas las ciudades, pueblos y aldeas de Grecia contaban con un calendario propio de festivales y juegos, ya fuera para celebrar el comienzo del año, el fin de la cosecha, algún aniversario importante o las gestas de un héroe o divinidad tutelar locales. Los festivales permitían dejar a un lado las penosísimas labores del campo y hacer algo de vida social. A lo largo de los siglos, la importancia de algunos festivales fue aumentando poco a poco, y a ellos empezaron a acudir no solo los lugareños, sino también turistas que en ocasiones llegaban a recorrer cientos de kilómetros para asistir. Los festivales permitían que la gente pudiera ver a los mejores atletas y músicos del mundo conocido, pero también le ofrecían a la élite aristocrática una buena ocasión para reunirse y tratar asuntos de mutuo interés, como cuestiones comerciales y matrimonios dinásticos. En la Élide y en Arcadia, todo aquel que tenía algo de tiempo libre después de la cosecha acudía a disfrutar del entusiasmo generalizado, y todas las ciudades se encargaban de llevar a un buen grupo de seguidores para que aclamaran a su hijo predilecto.

Sin poder ocultar lo orgulloso que se sentía, Sación no solo le había mostrado su ciudad natal a la asombrada muchacha tracia, que con los ojos abiertos como platos se desplazaba incrédula de maravilla en maravilla, sino que además le había entregado una cantidad considerable de dinero para que comprara hierbas en los mercados de Alejandría, cuyo tamaño y sofisticación la dejaron sin palabras. Incluso había podido reponer sus existencias de ajenjo dulce, aunque esta vez el comerciante sabía exactamente qué era lo que estaba vendiendo y cobraba en consecuencia.

Ahora mismo, sin embargo, se encuentran en la Élide, y Tracia se da cuenta de que a estas alturas ya ha viajado más que cualquier griego corriente, así que, para ampliar este cosmopolitismo recién descubierto, ha convencido a uno de los contables del mercader de que le enseñe a leer y a escribir. De momento, la muchacha no ha progresado mucho, pero ya se sabe el alfabeto de memoria y muchas veces puede captar el significado de las palabras pronunciando en voz alta los sonidos de las letras. Al mercader Sación no lo ha visto mucho en los últimos días, porque ha estado muy ocupado con la entrega de una estatua de oro y marfil que están instalando en un templo cercano y, además, tiene que encontrar un sitio adecuado para poner en venta parte de la mercancía que ha traído de Alejandría específicamente para venderla en los Juegos Olímpicos.

Casi todo el mundo tiene los Juegos Olímpicos por un importante acontecimiento deportivo, pero lo cierto es que son mucho más que eso. A los juegos asisten aristócratas y políticos de todo el Mediterráneo, por lo que constituyen una excelente ocasión para celebrar discretos encuentros diplomáticos y comentar las posibles alianzas, matrimoniales o no. Y, por supuesto, también ofrecen una oportunidad a mercaderes venidos de todas partes para mostrar sus mercancías a los clientes más exigentes y acaudalados.

Pues bien, precisamente porque a la Élide acude gente de todo el mundo para asistir a los Juegos Olímpicos, a Tracia no le extrañó —aunque sí le produjo una gran alegría— oír hablar en su lengua materna a un grupo de bárbaros vestidos con llamativos mantos que salían de una taberna. Supuso que se trataba de un grupo de tracios de una población macedonia fronteriza llamada Acontisma, y que probablemente habían venido al sur a vender sus elaborados broches, tazas y platos de oro a todos aquellos que quisieran añadir un toque de exótico esplendor a sus celebraciones. A Tracia también le encantó descubrir entre sus mercancías una pequeña estatuilla de oro de un caballo casi idéntico al que llevaba tatuado en el cuello. Y por primera vez en casi una década, su propio tatuaje produjo respeto y admiración en lugar de desdén.

Por suerte para la muchacha, uno de esos tracios sufría una erupción cutánea que podía curarse fácilmente aplicando con criterio una mezcla de aloe vera y avena. Aunque estos tracios pertenecen a la tribu de los satras y Tracia es de la tribu de los edones, el hecho de que todos ellos sean tracios y estén en un lugar tan alejado de su hogar, unido a los rudimentarios conocimientos médicos de la joven, ha permitido que Tracia se convirtiera en un miembro más del grupo. Eso sí, ha tenido la precaución de no revelar a sus compatriotas que estuvo esclavizada en Atenas; solo les ha dicho que su madre falleció mientras se encontraban de visita en Grecia, y que ella pudo encontrar un empleo como herbolaria.

Sea como sea, ahora Tracia tiene por delante la dura tarea de enseñarle a preparar la tintura de ajenjo a uno de los sirvientes de Sación porque, cuando terminen los Juegos Olímpicos, va a regresar a su hogar tracio con sus nuevos compañeros.

El mercader

Sación está muy animado porque se encuentra mucho mejor gracias a las tomas regulares de ajenjo dulce —que, pese a su nombre, es increíblemente amargo—, y ya se ha resignado a sentirse mal al menos una vez por semana. Aun así, su apetito ha ido en aumento y ahora tiene mucha más energía que hace un mes, cuando apenas podía levantarse de la cama. Y esta energía le ha servido para atravesar el Egeo entre Pérgamo y

Alejandría y luego hasta la Élide, donde le ha entregado la estatua de Serapis a un constructor con un carácter notablemente arisco, que al menos ha sido lo bastante previsor como para comenzar a trabajar en la estatua antes de que los materiales le hubieran sido entregados de forma oficial.

Ahora que se ha librado de la obligación que había contraído con el gobierno egipcio, Sación es libre de buscar por ahí otros modos de enriquecerse. Haciendo gala de su oportunismo, cuando se encontraba en Egipto aprovechó para hacerse con varios cientos de hojas de papiro, que obtuvo a buen precio de un fabricante con exceso de existencias, y todavía tiene algunos «pergaminos» para vender, ese material procedente de Pérgamo que parece todavía más duradero y más flexible que el papiro. Por algún motivo, el papiro solo crece a orillas del Nilo —aunque, por lo visto, en la fuente de Ortigia, en Siracusa, florece una única mata—, así que está muy solicitado en todas partes.

Y es que hay escribas que llevan registros hasta de los propios registros, como sucede con los funcionarios olímpicos de la Élide, que generan montañas de documentos durante los juegos y que ya han adquirido casi la mitad de las existencias de Sación. Pensemos, por ejemplo, en una cosa tan simple como la edad de alguien. Desde luego, no es lo mismo competir en las pruebas de los adultos que en las de los niños, pero ¿cómo se puede saber si un atleta tiene realmente la edad que dice tener? A muchos griegos les cuesta decir su edad exacta, incluso cuando intentan ser francos, porque no es algo a lo que se conceda una gran importancia y hay más cosas en las que pensar. Aun así, algunos Estados, sobre todo Atenas y Esparta, llevan los registros al día porque la edad es importante para el servicio militar y los nacimientos son relevantes para la ciudadanía, así que deben registrarse. Sin embargo, aun habiendo registros minuciosos, Atenas y Esparta tienen unos calendarios totalmente distintos que comienzan en momentos diferentes del año, y tanto estos calendarios como los de casi un centenar de ciudades y pequeños Estados helenos deben conciliarse con el calendario oficial de la Élide. Una vez hecho esto, ya se puede registrar el nombre y la supuesta edad de cada uno de los participantes, aunque esos registros deberán hacerse públicos, por si hubiera alguien que no estuviera conforme.

Y además se llevan registros de los encargados de mantener las pistas, muchos de los cuales han sido contratados para el acontecimiento, de los obreros empleados para cavar pozos temporales que suplementen el agua del río (porque el agua del río dejará de ser potable en cuanto miles de personas hayan usado sus orillas como bañera y como retrete), de quienes cronometran las pruebas y de los ayudantes de los jueces, de los pagos a los proveedores de alimentos y de miles de detalles más relativos a la organización de los juegos. Es necesario llevar un meticuloso registro de todos estos gastos y datos administrativos, porque los habitantes de la Élide se toman muy en serio su papel de custodios de los Juegos Olímpicos y tratan por todos los medios de impedir que se produzca el más mínimo atisbo de irregularidad.

En circunstancias normales, si en un sitio fueran a reunirse millares de personas, Sación estaría buscando maneras de obtener beneficios del gentío; sin embargo, tratándose de los Juegos Olímpicos sabe de sobra que no merece la pena intentarlo siquiera, porque los habitantes del lugar ya lo tienen todo bien atado y organizado desde hace varios siglos. Llevan semanas trayendo del interior de Arcadia rebaños de vacas y cabras que ahora esperan a que les llegue su hora en los establos de las explotaciones cercanas. Y al igual que se han reunido animales para alimentar a las masas, también se ha traído leña para cocinar, que se ha guardado y se ha dejado secar para venderse por haces.

Ya están comenzando a aparecer los primeros puestos del exterior del recinto olímpico, en los emplazamientos meticulosamente asignados por una astuta latifundista de la zona que también va a alquilar parcelas para los centenares de tiendas que convertirán los terrenos de su finca en un improvisado campamento, reservando las ubicaciones más privilegiadas para los pabellones de los aristócratas y de los acaudalados mercaderes como el propio Sación. En los puestos se va a vender de todo, desde comida rápida y recuerdos de mal gusto hasta servicios de adivinos, herbolarios y doctores de cualificaciones y talentos diversos. Los filósofos aprovecharán la oportunidad para exponer sus ideas ante las masas, y los músicos darán alguna que otra serenata gratuita con la esperanza de lograr atraer algunos clientes para después... ¡Ah, sí!, y Sación también ha oído que en el recinto tendrán lugar competiciones de atletismo, aunque la verdad es que eso no es algo que le interese demasiado.

Lo que sí le interesa son los pabellones de los aristócratas y de los otros comerciantes. Para él, los Juegos Olímpicos son un importante congreso mercantil donde puede encontrarse con sus colegas y descubrir qué mercancías son más abundantes y dónde hay una elevada demanda de las mismas. Por ejemplo, la rivalidad entre el monarca antigónida de Macedonia y Ptolomeo de Egipto los ha llevado a una lucha por el poder en las islas Cícladas, y allí el poder se ciñe al control de los mares, de modo que Sación estaría encantado de agasajar a cualquier mercader del Ponto que se dedicara al negocio maderero, porque desgraciadamente Egipto carece de bosques y el gobierno estaría dispuesto a pagar una fortuna a cualquier proveedor que pudiera suministrarle madera procedente de las boscosas colinas de las orillas del mar Negro para fabricar barcos.

Es una lástima que Occidente se encuentre ahora mismo sumido en el desastre financiero debido a la prolongada guerra entre Roma y Cartago, que ha devastado económicamente a Italia y además ha interrumpido el comercio entre Cartago y el Levante. Antiguamente se podían obtener unos considerables beneficios vendiendo bienes de lujo traídos del Lejano Oriente a los tiranos de las riquísimas ciudades de Sicilia, sobre todo en Sira-

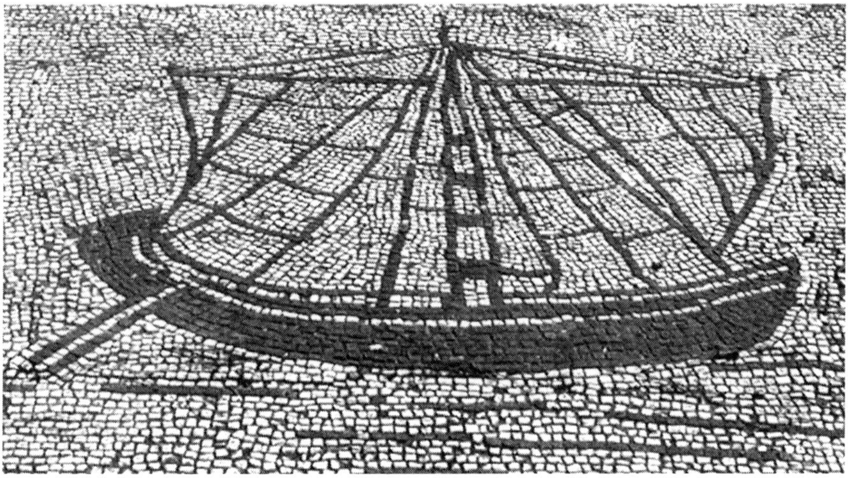

Barco mercante representado en un mosaico portuario.

cusa. Por desgracia, hoy en día nadie que esté en su sano juicio envía ya mercancías al oeste de Córcira (la actual Corfú), ya que toda la carga que lograra escapar de las hordas de piratas que invaden el Adriático seguramente sería confiscada por los romanos o los cartagineses, que venderían los bienes como «contrabando» y obligarían a la tripulación del barco mercante a alistarse en su armada, pues ambos bandos están desesperados por conseguir mano de obra cualificada.

En fin, cuando tenga tiempo y energía, Sación también quiere acercarse al recinto sagrado para admirar el inmenso templo que alberga la estatua de Zeus en Olimpia, una de las siete maravillas del mundo. El acceso a la estatua del interior del templo está muy restringido (es normal, porque el gran Zeus seguramente tendrá previsto asistir a los juegos y no querrá tener un torrente de turistas en su casa todo el día), pero la parte exterior también merece la pena, ya que el templo es tan grandioso como cabría esperar (70 x 30 metros), y el recinto está decorado con estatuas realizadas por algunos de los mejores escultores de los últimos dos siglos.

Además, en el cercano templo de Hera hay una obra maestra de la escultura. Se trata de una estatua de mármol de Paros, hecha por el gran escultor Praxíteles, que representa a Hermes con el dios niño Dioniso. Y Sación considera que, antes de pasarse una semana de intensas negociaciones, lo mínimo que puede hacer es visitar la estatua y ganarse así el favor del dios de los comerciantes y timadores, porque lo cierto es que muy pronto va a haber mucho comercio y mucho timo.

11

ΠΆΝΑΜΟΣ - Ὁ ἈΓΏΝ

(agosto – el esfuerzo)

EL ATLETA (PRIMERA PARTE)

Similo oye el bramido de un pregonero en la distancia. Lo que anuncia no es muy relevante, aquí lo que importa es la forma en que lo hace: se trata del acto de apertura de los Juegos Olímpicos, es decir, el concurso de heraldos y trompetas, una prueba que tiene que ser necesariamente la primera de los juegos, porque en ella se decide quién recibe el honor de anunciar el horario de todos los demás acontecimientos y a quiénes han declarado ganadores los jueces en cada uno de ellos.

Ahora bien, aunque el concurso de heraldos y trompetas sea el acto de apertura, podría decirse que los juegos comenzaron hace tres días, cuando los atletas, los jueces y su cortejo, los escribas y una hueste de parásitos se reunieron en Elis para iniciar una de las procesiones más largas del mundo antiguo: el recorrido de ciento ochenta estadios (treinta y dos kilómetros) hasta el recinto sagrado de Olimpia. La procesión ha requerido bastante tiempo, porque no tendría sentido llegar agotados, y Similo ha disfrutado mucho de la caminata de dos días y de las multitudes que se reunían a verlos pasar en todos los pueblos y aldeas de la ruta. Y también les cayó una gran ovación al llegar a la propia Olimpia, donde ya aguardaban millares de espectadores.

No como en la ceremonia de apertura de esta mañana, que ciertamente ha sido bastante aburrida, por necesaria que sea. El día ha comenzado con el sacrificio de un jabalí en el recinto del templo de Zeus, y después se ha formado una larga fila de atletas que debían jurar con solemnidad —sobre los restos del animal sacrificado— que habían realizado los diez meses de entrenamiento necesarios y que sobre ellos no recaía contaminación ritual alguna que impidiera su participación en los juegos, como podría ser un asesinato o haber roto un juramento.

A continuación, ha tenido lugar el tenso sorteo, durante el cual los dioses se inmiscuyen directamente en los asuntos de los cuatro días siguientes, ya que se trata del momento en que se colocan las urnas y los competidores descubren con quién competirán y cómo se iniciarán sus respectivas pruebas. Así, en el caso de la lucha y del boxeo llamado pancracio se introducen en la urna tantos tejos de cerámica con una letra inscrita como atletas vayan a participar en la competición, y las letras se repiten por parejas, de modo que todos los competidores sacan un trozo de cerámica y los que tengan la misma letra serán los que se enfrenten entre sí en las rondas iniciales. Se han oído algunos ahogados gritos de asombro cuando les ha tocado luchar entre sí a dos posibles ganadores, y algunos murmullos compasivos cuando a un muchacho de apariencia bastante enclenque le ha tocado enfrentarse a un experto veterano que le dobla en peso y edad. Y después han traído otra urna, esta con una representación arcaica de unos atletas corriendo a toda velocidad, y el público ha enmudecido mientras todos estiraban el cuello tratando de ver qué calle le tocaba a cada uno de los corredores de la prueba olímpica más prestigiosa de todas. Como había ganado la prueba de velocidad de las Ptolemaicas egipcias, Similo era uno de los favoritos, por lo que ha sido de los últimos en elegir.

Los dioses han querido darle a Similo una calle interior, aunque cerca del centro, y esto significa que necesita comentar la estrategia con su entrenador. Las calles solo indican la posición de salida, porque, según vaya avanzando la carrera, será inevitable que se produzca algún que otro empujón cuando se amontonen los atletas, y la mejor manera de evitarlo es ponerse en cabeza lo antes posible y mantenerse ahí. De modo que, tan pronto como puede, Similo se dirige al estadio con su entrenador para trabajar en una salida rápida: debe arrancar rápido, pero no tanto como para hacer una salida en falso, porque esto le valdría un latigazo del ayudante del juez (no es como una descalificación, pero sin duda hace que los músculos trabajen peor durante algún tiempo).

EL PROGRAMA OLÍMPICO

Día 1: Ceremonia de apertura. Los atletas realizan el juramento olímpico ante la estatua de Zeus en la sede del consejo y efectúan los correspondientes sacrificios a sus dioses. El concurso de heraldos y trompetas determina quién será el encargado de anunciar las pruebas y de proclamar a los vencedores.

Día 2: Los atletas comienzan el día con una procesión desde el bosque sagrado, y el público asiste a las pruebas ecuestres. Seguidamente tiene lugar el pentatlón, que consiste en lanzamiento de disco, salto de longitud, lanzamiento de jabalina, carrera y lucha libre.

Día 3: Se realizan sacrificios a Zeus y a Pélope, uno de los héroes legendarios asociados a los juegos. Después se celebran las competiciones infantiles y un gran número de fiestas privadas.

Día 4: Estadio doble, carrera de fondo, carrera hoplítica y estadio, la prueba más importante. A continuación, vienen las «pruebas pesadas», que incluyen el pugilato, la lucha libre y el pancracio.

Día 5: Los vencedores, con cintas ceñidas en los brazos y provistos de hojas de palma, desfilan ante el templo de Zeus para recibir las coronas de laurel cortadas del bosque sagrado de Zeus con una hoz de oro. El broche final lo ponen los banquetes y las fiestas que siguen a la ceremonia.

La prueba de velocidad es el momento culminante de los juegos y todavía faltan dos días para que llegue, así que aún le queda un poco de tiempo para practicar. Lo malo es que también tiene tiempo de sobra para que los nervios se le pongan tan tensos como la cuerda de un arco, y Similo sabe que le esperan un par de noches en vela tratando de calmar la inquietud e intentando dormir un poco pese al estruendo de la fiesta en el exterior.

Similo es bastante rencoroso y ha estado buscando entre sus contrincantes a aquel joven que lo derrotó en los juegos de Hermione hace unos meses. Por desgracia, el muy tramposo no ha aparecido. Su entrenador le ha dicho que los jueces de la Élide han decidido que no es lo bastante bueno para los Juegos Olímpicos, de modo que no le han permitido competir; aun así, Similo alberga la esperanza de que su antiguo rival se encuentre entre el público para que pueda ver cómo se corre de verdad.

La latifundista

La madera de álamo suele ser muy útil. Aunque tenga vetas grises y verdes y no sirva para los muebles más elegantes, como no acostumbra a tener nudos y normalmente los troncos son muy rectos es estupenda para hacer los postes y tablones de las vallas, los pilares del establo, las cajas para transportar los productos y, sobre todo, los garrotes para zurrar a los turistas olímpicos que pretendan pasarse de la raya.

El álamo proporciona una madera ligera de grano fino, de modo que los garrotazos hacen mucho menos daño que los de otras maderas más duras como el olivo, pero son perfectos para dejar muy claro que aquel que blande el garrote no está muy contento que digamos. Cada cuatro años, los braceros de la explotación de Ífita se convierten en verdaderos expertos en el manejo del garrote.

Primero está el asunto de los okupas. Ífita ha alquilado varias parcelas en su finca de la orilla del río, pero es increíble la cantidad de asistentes a los Juegos Olímpicos que creen que pueden instalarse donde les plazca solo por el hecho de haberse presentado allí. Y claro, los que han sido lo bastante previsores como para alquilar su parcela con antelación se indignan cuando descubren que un grupo de extraños ha decidido acampar en ella por su cara bonita... Por suerte, no hay nada que explique el derecho de propiedad como un buen garrote de madera de álamo en manos de un musculoso bracero.

Luego, como el nuevo templo de Serapis se ve claramente sobre la colina, también es increíble la cantidad de supuestos peregrinos que se «pierden» atravesando la explotación de Ífita y que, no se sabe muy bien cómo, terminan agazapados en el gallinero, subidos a los frutales o robando cabras sin querer. Por lo visto, hay algunos que parecen pensar que la comida de los Juegos Olímpicos debería ser gratis (de hecho, en parte lo es, porque hay patrocinadores lo bastante generosos como para pagar los banquetes más importantes, aunque solo sea el último día), y no es raro que todos esos sinvergüenzas poco previsores que no han traído ni comida ni dinero suficiente decidan agenciarse todo lo que puedan en la explotación de Ífita.

Aunque, en realidad, esta falta de previsión no viene mal, porque una de las fincas de la parte de arriba se embarra mucho si no se cavan zanjas para que el agua descienda hasta el río, y ahora mismo hay un grupo de quince aprendices de bracero cavando una zanja a cambio de tres comidas decentes al día y de la promesa de que Ífita no comunicará a las autoridades de sus ciudades de origen que los han pillado robando... Y es que la reputación es algo muy importante para un griego. Todavía quedan dos días para que terminen los juegos, y seguro que los braceros y los perros guardianes de Ífita añaden por lo menos otra media docena de voluntarios a esta involuntaria cuadrilla.

Por otra parte, los turistas hambrientos que sí hayan traído dinero no tienen más que acercarse a la orilla de la finca para recibir una estupenda comida a unos precios casi razonables. Hay muchos sitios en la improvisada villa olímpica que ofrecen viandas de todo tipo y para todos los gustos, pero el puesto de Ífita es el único que ofrece platos recién hechos, procedentes de su bien equipada y aún mejor abastecida cocina.

Antes de que haya amanecido, los más madrugadores ya pueden pedir un plato de pan de cebada recién hecho, que se sirve cortado en pedacitos para poder mojarlos en vino —el desayuno ideal para la mayoría de los griegos—. Y los más exquisitos pueden elegir una tortita de harina de trigo hecha con miel y crema agria, acompañada de más miel o de queso de cabra, a gusto del consumidor, y combinarla con unas gachas de cebada reblandecidas con yogur o con agua limpia y fresca recién sacada del pozo. Esto es algo que no debe tomarse a la ligera, porque solo un chiflado sería capaz de beber directamente del río después de que varios millares de intestinos hayan evacuado en sus aguas.

A mediodía es preferible servir comida rápida, no solo porque a esta hora todo el mundo está deambulando entre prueba y prueba, sino también porque, si hay una cola muy larga, se pierden clientes. Así que los huevos duros, los higos frescos o secos, las manzanas también frescas o secas, el pescado salado —impor-

Relieve de mármol que muestra una comida familiar.

tado a un coste elevado y vendido con un margen de beneficio todavía más elevado— y, por supuesto, los productos básicos, como el pan recién hecho y las aceitunas, se terminan a tal velocidad que los equipos de reponedores apenas dan abasto para traer más de las cocinas.

Al final del día, la mayoría de los asistentes prefieren relajarse y cocinar su propia comida, así que, durante toda la tarde, en el puesto de Ífita se vende rúcula, zanahorias, pepinos y hasta garbanzos, aunque haya habido que comprárselos al por mayor a aquellos vecinos cuyos campos no se han visto afectados por la plaga. También hay trozos de cordero lechal, de añojo, de ternera y de venado para todos los gustos y para todos los bolsillos, algunos ya dispuestos en pinchos de metal —que se entregan previo pago de un depósito— para asar la carne en la hoguera.

Cuando se exponen las piezas de carne abiertas en canal lo normal es que se llenen de moscas, aunque, curiosamente, durante los Juegos Olímpicos nunca hay moscas. Los más crédulos filósofos de la naturaleza consideran que hasta los insectos se sienten obligados a respetar la tregua olímpica, por lo que, al comenzar los juegos, las molestas criaturas se dirigen en masa al río y se quedan allí hasta que terminan las celebraciones. Ífita, que es mucho más pragmática, cree que el aire viciado por el humo de los cientos de fuegos que se encienden para cocinar explica mejor su ausencia, aunque lo cierto es que, mientras no vuelvan, tampoco le importa mucho por qué se van.

Sea como sea, cuando se pone el sol empieza la fiesta, y no son pocos los actos execrables que se cometen entre las tiendas de este asentamiento provisional, porque a los ladrones les gustan los Juegos Olímpicos tanto como a los atletas y a los músicos. Las patrullas de ayudantes de los jueces, armadas con látigos, mantienen en gran medida el orden, pero su jurisdicción termina donde comienza la finca que Ífita alquila a los turistas. De vez en cuando, hay un grupo de jóvenes medio borrachos que deciden seguir la fiesta en algún lugar más espacioso, como la zona de los frutales o los campos de trigo que acaban de cosecharse, y se ponen bastante violentos cuando se les dice que ese lugar es propiedad privada. Por suerte, casi ninguno de estos jóvenes ha asistido antes a los juegos, mientras que la familia de Ífita lleva generaciones viviéndolos en directo... ¡Y hay que ver cómo cambia la actitud de estos turistas cuando la jauría de perros babeantes de la finca se lanza a por ellos! Hasta el más agresivo de los malhechores acaba convertido en un sobrio penitente y se muestra dispuesto a cavar zanjas en cuanto han terminado de limpiarle y vendarle las heridas.

En general, los juegos han empezado muy bien para la explotación, más allá de cómo vayan en la pista de atletismo. Ífita está particularmente satisfecha con el rendimiento de su nueva nuera, a la que ha traído de Elis para la ocasión (durante la cosecha y los juegos todo el mundo debe echar una mano). La muchacha se pasa la mitad del día sudorosa y parece un poco desconcertada, pero trabaja como la que más y, de hecho, hasta da la sensación de que esté disfrutando de este caos organizado, tan distinto de su recluida infancia en Atenas.

El diplomático

Por lo general, los asuntos diplomáticos más importantes se tratan en público. Los movimientos de los emisarios de la categoría de Perseo son observados atentamente por los agentes de las grandes potencias helenísticas, cuyos monarcas desean saber quién se reúne con quién y cuándo lo hace. Las negociaciones clandestinas están muy bien durante las etapas preliminares, pero en algún momento alguien lo bastante prestigioso como para resultar creíble debe dar la cara y hablar claramente en nombre de su rey y, cuando esto sucede, todo el mundo se entera. Debido a ello, los encuentros de Perseo con Antíoco de Siria y con Ptolomeo de Egipto son bien conocidos, y los agentes de las grandes potencias ya han informado a sus señores sobre los aspectos más relevantes de esas reuniones diplomáticas de alto nivel.

Y ahí es donde cobran importancia los Juegos Olímpicos: aunque algunos altos funcionarios y demás empleados públicos hayan venido a los juegos porque realmente les interesa el atletismo, muchos de los presentes están más interesados en mantener discretos encuentros que no queden reflejados en el registro diplomático que en ver las pruebas. No hay muchas oportunidades como esta, en las que las normas sociales de cortesía permiten encubrir encuentros fortuitos, y cuando surge una todo el mundo está ansioso por aprovecharla.

Sin ir más lejos, ahí está la ciudad de Sición, que, aunque pequeña, se encuentra estratégicamente ubicada en el norte del Peloponeso. El Gobierno de Sición ha sufrido hace poco un cambio radical y, tras un golpe de Estado perpetrado por un joven exiliado llamado Arato, ha pasado de ser una tiranía a ser una democracia. Y esto, en cierto modo, ha supuesto un problema para Macedonia, ya que el rey Antígono se estaba dedicando a sustentar al tirano con su apoyo económico y diplomático, y el nuevo Gobierno es, por definición, antitiránico y antimacedónico.

El control macedonio sobre Grecia ya se encuentra amenazado por el poder cada vez mayor de dos grandes ligas de ciudades griegas. Por un lado, está la Liga Etolia, al sudoeste de Macedonia, que es una confederación de ciudades cuyos habitantes tienen ya una infausta predilección por el bandidaje y la piratería. Pero es que, además, recientemente ha surgido una nueva fuerza en el norte del Peloponeso, donde varias ciudades se han unido para formar la Liga Aquea, en una alianza con un tufillo antimacedónico inconfundible. Sición se está planteando unirse a ella, y Perseo va a hacer todo lo que esté en su mano por impedirlo.

Ahora bien, si los emisarios del rey Antígono fueran vistos tratando con alguien que acaba de derrocar a uno de los suyos, la credibilidad de Macedonia se vería seriamente perjudicada ante los autócratas griegos, y lo mismo ocurriría con la reputación del nuevo Gobierno democrático de Sición si llegara a saberse que su nuevo líder está manteniendo conversaciones con la potencia que, hasta hace bien poco, patrocinaba a su depuesto opresor. No obstante, si el líder del Gobierno de Sición se encontrara por casualidad con un diplomático macedonio de alto rango en los Juegos Olímpicos —por ejemplo, en un certamen musical que ese diplomático en persona hubiera patrocinado—, no habría nada que recriminarle a ninguna de las partes, ¿no?

Por desgracia, tanto las negociaciones como el certamen musical han sido muy poco satisfactorios, y Perseo se ha quedado con tan mal sabor de boca que incluso se pregunta si merece la pena seguir deambulando por Olimpia.

Su primer error fue permitir que un espartano actuara como juez en el certamen musical. En su momento, esto le había parecido una buena idea, ya que, teniendo en cuenta que Macedonia y Esparta llevan casi un siglo de malas relaciones, Perseo había pensado que sería un buen gesto diplomático mostrar algo de respeto hacia los espartanos, sobre todo en un asunto secundario como este, en el que no había nada importante en juego.

El problema es que, en la prueba principal del certamen, el canto con lira, hubo una clara ganadora: una mujer que había compuesto una melodía preciosa y que la había tocado y cantado magníficamente. Pues bien, el juez espartano la había descalificado con no sé qué excusa, cuando estaba bastante claro que había sido, en primer lugar, por tratarse de una mujer (los ultraconservadores espartanos no pueden admitir que las mujeres participen en este tipo de pruebas) y, en segundo lugar, porque la artista era de una ciudad pequeña sin ninguna relevancia política.

Por si esto fuera poco, el juez le había otorgado el premio a un hombre mediocre de una ciudad cretense con la que Esparta tiene estrechos vínculos... ¡Y eso que los espartanos tienen fama de íntegros y honestos! —reflexiona amargamente Perseo—. Aunque lo cierto es que a cualquiera que haya seguido la política de Esparta durante el último siglo no debería sorprenderle demasiado que los ciudadanos de ese Estado muestren una conducta bastante alejada de la que se han empeñado en vender.

Por otra parte, Perseo esperaba mucho de su encuentro con el joven Arato, porque ambos tenían algo que ofrecerse mutuamente. El nuevo líder del gobierno democrático no era ni de lejos la única persona que se había visto obligada a exiliarse por la tiranía de Sición y, una vez derrocado el tirano, hubo literalmente centenares de exiliados que se abatieron contra la ciudad, ansiosos por reclamar las casas y las fincas que les habían pertenecido... Con el inconveniente de que, ahora, esas casas y fincas se encontraban ocupadas por otros. Y no todos estos nuevos ocupantes eran meros aduladores del régimen anterior, sino que algunos habían adquirido las propiedades de forma honrada y no veían por qué tenían que revocarse sus legítimas escrituras de compraventa solo porque se hubiera producido un cambio de gobierno. Esta gente, además, es muy influyente, así que si Arato quiere mantenerse en el poder deberá resolver de un modo satisfactorio las disputas entre los exiliados retornados y los actuales propietarios.

Ante esta situación, lo que Macedonia podía ofrecerle a Arato era plata para recomprar las casas de los exiliados que insistían en regresar a sus antiguas propiedades familiares y dinero para compensar a los que se conformaban con un pago en efectivo a cambio de lo que habían perdido. Perseo disponía de veinte talentos de plata para Arato, pero, a cambio, quería que este se comprometiera por escrito a no unirse a la Liga Aquea del norte del Peloponeso. Teniendo en cuenta la inestabilidad del nuevo gobierno de Sición, así como la certeza de un inminente conflicto a gran escala entre los exiliados retornados y los actuales propietarios, Perseo pensaba que tenía al joven Arato contra las cuerdas. El muchacho tal vez había sido un agitador radical en su momento, pero sin duda también era lo bastante sensato como para darse cuenta de que, sin el dinero macedonio, el gobierno democrático de Sición estaba condenado a fracasar antes siquiera de haber llegado a establecerse por completo.

El encuentro entre Perseo y Arato había comenzado con buen pie, ya que ambos habían estado de acuerdo en que a la cantante de la prueba de lira le habían robado injustamente el premio. Después de eso, incluso habían pasado unos agradables minutos compartiendo anécdotas sobre la perfidia espartana antes de iniciar las negociaciones formales, pero, en cuanto empezaron a hablar de la cuestión, Arato había afirmado de inmediato que Macedonia no iba a impedir de ninguna manera que Sición se uniera a la Liga Aquea. Es más, teniendo en cuenta su reciente triunfo como líder antitiránico, Arato incluso esperaba dirigir la Liga Aquea en cuanto su ciudad hubiera pasado a formar parte de la misma. Por otra parte, no tenía ninguna intención de iniciar un conflicto armado con Macedonia —al menos de momento—, por lo que estaba dispuesto a negociar una posición de hostil neutralidad si Perseo fuera tan amable de entregarle de inmediato el dinero que necesitaba.

Ni que decir tiene que Perseo, indignado, se había negado a tal arreglo. Con absoluta calma, había señalado que Macedonia no sacaría prácticamente ningún beneficio del intercambio, aparte de la posible buena voluntad del pueblo de Sición, y que incluso eso era algo incierto a juzgar por la intensa —aunque justificada— aversión hacia el último tirano y hacia los macedonios que lo habían apoyado. Si esa era la posición que pensaba defender Arato —había afirmado Perseo con firmeza—, le deseaba buena suerte en su intento de recaudar veinte talentos de plata por otros medios. Y fue en ese momento cuando Arato le informó con arrogancia de que no solo había conseguido los veinte talentos, sino que, de hecho, habían sido veinticinco, y que el dulce bálsamo de plata estaba ya aplacando los ánimos de la revuelta en Sición.

Perseo ni siquiera tuvo que preguntarse de dónde podía haber salido esa enorme cantidad de dinero: estaba claro que Ptolomeo había vuelto a intervenir. Y solo los años de experiencia hicieron que su rostro se mantuviera tranquilo e inescrutable mientras maldecía en silencio a ese faraón metomentodo y lo enviaba mentalmente a los rincones más oscuros del Tártaro. Cuando Perseo se había reunido con Ptolomeo en Alejandría, le habían asegurado que los egipcios ya no iban a entrometerse más en los asuntos griegos... ¡Qué harto estaba de las mentiras egipcias!

Así que el encuentro con Arato había sido un fracaso, y el certamen musical, una vergüenza. Perseo, que ahora está en su pabellón bastante desmoralizado, ha decidido que lo que queda de los Juegos Olímpicos lo va a pasar disfrutando de los propios juegos. Mañana se celebra la competición más importante y, con todos los asuntos concluidos, bien podría situarse en primera fila a presenciar el desenlace.

El atleta (segunda parte)

Al fin ha llegado el momento. Un momento para el que Similo lleva casi toda su vida entrenando. Pronto descubre que la sensación es bastante parecida a la que se experimenta durante un entrenamiento de alta velocidad, en el que el *gymnastes* obliga al atleta a correr lo más rápido posible por una empinada cuesta abajo para que su mente se acostumbre a que las extremidades se muevan a una velocidad mucho más alta de lo que sería natural. Por una parte, Similo está ansioso por lanzarse a la pista y dejar escapar la energía que los nervios han estado acumulando en su interior durante los últimos días; por otra, no tiene ningunas ganas de empezar: lleva toda su vida esperando este momento y, cuando pase, gane o pierda, no tendrá nada por lo que luchar.

Antes de saltar a la arena, Similo ha estado calentando en el gimnasio ante la atenta y preocupada mirada de su entrenador, mientras los espectadores que observaban a los atletas les daban consejos y les lanzaban gritos de ánimo desde las cuerdas que les impedían el paso. Y entonces ha sonado la trompeta que convocaba al público y a los competidores a la prueba principal de los Juegos Olímpicos.

Lo cierto es que, durante casi un siglo, esta prueba no es que fuera la más importante, sino que era la única: se trata del estadio, una carrera de velocidad cuya distancia, según se dice, equivale a lo que el poderoso Heracles podía correr con una sola bocanada de aire. Desde entonces se han añadido otras competiciones, por lo que ahora en el estadio olímpico también tienen lugar otras pruebas, como el lanzamiento de disco, el salto de longitud y el pentatlón, aunque siga estando hecho a medida para la única carrera que albergaba en un principio.

El entrenador de Similo se separa de él al inicio de la avenida de estatuas, y el velocista la recorre junto al resto de los competidores, todos ellos desnudos, ligeramente cubiertos de aceite y con un aspecto tremendamente saludable. Las estatuas bajo las que pasan les sirven de advertencia, ya que todas ellas han sido elaboradas con los fondos obtenidos de las multas impuestas a los atletas que hicieron trampa o que contravinieron de algún modo las normas olímpicas.

Los velocistas han llegado a la entrada cubierta que se conoce como la «puerta oculta», a través de la cual pueden ver gran parte del estadio. La pista lleva en uso algo más de un siglo y sustituye a otra anterior que se encontraba un poco más al oeste, porque aquella era incapaz de acomodar a las decenas de miles de espectadores que querían presenciar el acontecimiento. En el estadio no hay asientos, salvo para el presidente de los juegos y para los jueces, por lo que todos los demás asistentes se sitúan de pie en los terraplenes ligeramente inclinados de los laterales, que se elevan unos tres metros sobre la pista y pueden albergar a unos cuarenta mil espectadores. Entre el público hay alguna que otra mujer, ya que, pese a la prohibición general de que asistan, a las solteras se les permite ver la carrera, y la más destacada entre ellas es la sacerdotisa de Deméter *Chamyne*, que se sienta en un trono de mármol blanco frente a los jueces.

Similo no puede apreciar gran cosa de todo esto porque, junto al pequeño grupo de corredores, se dirige absorto hacia la Tumba de Endimión, al lado de la cual hay una fila de losas de mármol con una ranura doble tallada en la piedra. Esas grandiosas puertas de salida que se ven en los Juegos Ístmicos o en Delos no son adecuadas para los estrictamente tradicionales Juegos Olímpicos: aquí hay que permanecer de pie con los dedos metidos en la primera ranura de la losa de mármol, y tener muy claro que las penalizaciones son muy duras para los que crucen la segunda ranura antes de que se dé la salida. Al final de la pista —exactamente a 192 metros de distancia— hay una fila similar de losas de mármol con una ranura, y el ganador será el primero en cruzarla.

Cuando oye el siguiente toque de trompeta, Similo se coloca en su sitio cerca del centro, con siete corredores a su izquierda y doce a su derecha. Ahora toda su atención se concentra en la pista, una capa de arcilla perfectamente alisada con una fina capa de arena encima para mejorar la tracción. Similo no ha prestado mucha atención al bramido de la multitud y solo lo aprecia realmente al darse cuenta de que esa inmensa masa humana ha enmudecido de pronto... Ahora todas las miradas se dirigen hacia el juez principal, que observa la fila de atletas para comprobar si están preparados. El juez le hace un gesto con la cabeza al heraldo, y este respira hondo y grita: «*¡Aaaaaa... pate!*».

Al oír el sonido oclusivo de la «p» de *apate* («ya»), Similo sale disparado como si le fuera la vida en ello. Y en muchos aspectos podría decirse que así es. El joven atleta no ve a nadie delante, por lo que sabe que ha empezado bien y ahora se concentra en que sus piernas se muevan lo más rápido posible, con la mirada fija en la lejana línea de meta... Sin embargo, a pesar de su velocidad, puede apreciar por el rabillo del ojo un cuerpo pálido que se aproxima, de modo que Similo trata con todas sus fuerzas de acelerar todavía más... Aun así, le resulta imposible dejar atrás al corredor, que ya se ha situado a la altura de su hombro y que, sin que él pueda evitarlo, acaba de adelantarlo.

Han recorrido ya la mitad de la pista y Similo sigue detrás de su rival, pese a que es consciente de que va más rápido que nunca en su vida. Ahora ve la espalda de su contrincante, y sabe que la carrera se ha convertido en un asunto entre ellos dos. Lo malo es que en esta competición no hay segundo puesto, solo existe la victoria o la vergüenza de la derrota... Y es precisamente la idea de la derrota lo que lo impulsa a esforzarse más, a correr más rápido, quemando unas reservas que ni siquiera sabía que tenía.

Y lo está logrando, lo ha alcanzado... ¡su contrincante se ha tenido que quedar pasmado mientras sentía que las piernas y el aliento comenzaban a fallarle en esos frenéticos metros finales! Ambos corredores han cruzado la meta casi a la vez, pero Similo sabe que, al lanzarse hacia delante a la desesperada en las últimas zancadas, llevaba una ligera ventaja. Mientras intenta recuperar aliento, puede apreciar el rostro compungido de su contrincante y se da cuenta de que él también lo sabe.

Ahora que todos los corredores han terminado, algunos comienzan a arremolinarse en torno a Similo para felicitarlo. Otros, en cambio, se apartan con desdén, limitándose a esperar el veredicto de los jueces. Con las manos apoyadas en las rodillas, Similo alza la cabeza hacia las cuerdas que contienen al público, y puede ver a su entrenador chillando desquiciado de alegría. Antes incluso de que el heraldo grite su nombre y puedan oírlo los millares de espectadores, Similo comienza a hacerse a la idea de que ha ganado... Es ni más ni menos que el vencedor del estadio de Olimpia, y los próximos cuatro años le pertenecen: esta será la Olimpiada de Similo de Neápolis.

12

ἈΠΕΛΛΑΊΟΣ – ἘΠΊΛΟΓΟΣ
(septiembre – epílogo)

La tañedora de lira

Los dioses nos lo dieron, y los dioses nos lo quitaron. Calia está sentada en la popa de un precioso trirreme del Estado de Macedonia y piensa en lo distinta que podría haber sido su vida de no ser por aquel encuentro casual bajo el pórtico de un templo mientras llovía a cántaros en el exterior.

Calia estaba en Elis porque acababa de actuar en una fiesta privada durante una comida formal. Allí nadie se había quejado de su cítara, reflexiona con cierta amargura. Y lo cierto es que nunca se había quejado nadie hasta que aquel juez espartano tan hipócrita había decidido descalificarla diciendo que su lira tenía diez cuerdas en lugar de las seis tradicionales. ¡Como si las liras de diez cuerdas no llevaran ya casi un siglo siendo utilizadas en todo el mundo heleno, y como si tener esa lira fuera motivo de descalificación: ¿acaso alguien había tenido la delicadeza de mencionárselo antes de que se levantara y se pusiera a cantar?!

Y encima era una buena canción. Llevaba trabajando en ella desde su estancia en Pérgamo, y tenía algo de aquella cautivadora melodía caria con una pequeña pero enérgica cadencia frigia en contrapunto con el ritmo yámbico ascendente del principio. Y el resto imitaba las sílabas tónicas de la letra de la canción, aunque cambiando la nota alta del inicio por otra más baja de la segunda línea para darle un giro inesperado. La composición había recibido un aplauso muy efusivo, casi tan sonoro como los abucheos que el público había dirigido al juez que la había descalificado injustamente. Sin duda había logrado una victoria moral... aunque, por desgracia, un músico profesional no puede vivir de moralidad.

Luego, de repente, había estallado aquella tormenta mientras paseaba por Elis, y Calia había guardado su preciada lira en la funda de piel y se había refugiado de la lluvia bajo el pórtico de un templo, al lado de un hombre fornido y calvo que estaba mirando atentamente los frontones de columnas. Según parecía, le pasaba algo al ábaco —¿o era el entablamento?—, que no era adecuado para el tipo de pilastra o no sé qué. Sea como fuere, Calia se había mostrado interesada por pura educación, porque en realidad estaba escuchando la riña familiar que tenía lugar a su espalda, donde una muchacha a la que se le escapaba del velo un mechón de pelo rubio y rizado se acurrucaba bajo el manto de su marido, mientras este discutía abiertamente con una mujer canosa y corpulenta. Por lo visto, la muchacha acababa de descubrir que estaba encinta, y su suegra insistía en que se quedara en la finca familiar durante el embarazo, mientras que el marido decía que debía ir con él a la ciudad, aunque estaba claro que tenía las de perder.

Luego se había producido un cierto revuelo cuando se había metido allí otro grupo que huía raudo de la lluvia torrencial. Y Calia observó con desdén que la figura principal de ese grupo era nada menos que el diplomático encargado del certamen en el que la habían descalificado. El recién llegado había ordenado al sirviente del templo que le trajera una silla, y este, que había permanecido al acecho en la parte de atrás, se había apresurado a obedecer. Calia pudo apreciar que el séquito del diplomático incluía ahora al joven y larguirucho corredor que se había convertido en el héroe del momento, y a un tipo que no podía ser otro que su entrenador, a juzgar por la atención que le prodigaba a su pupilo. ¿Cómo se llamaba? Era algo así como Simicolo, o Kimilo... En fin, el que había ganado la carrera del estadio... Y a decir verdad, el atleta tenía ya esa expresión ligeramente atormentada de quien ha descubierto que tener admiradores acosándolo noche y día no es tan bueno como lo pintan.

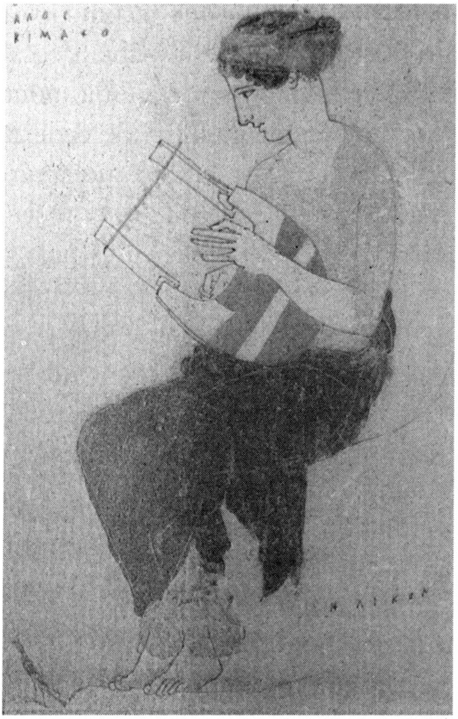

La lira de diez cuerdas no gozaba de popularidad en Esparta.

El diplomático se acababa de sentar cuando se le acercó educadamente una joven de abundante cabello castaño con un tatuaje tracio de un caballo en el cuello. La muchacha había señalado a un hombre de aspecto demacrado que se había resguardado junto a ella en el pórtico y que estaba tiritando a pesar del rico manto que lo cubría, y el diplomático lo había observado pensativo durante unos instantes hasta que finalmente le cedió el asiento. Fue entonces cuando se percató de la presencia de Calia y se acercó a ella.

Solo una dilatada experiencia en el trato con mecenas aristocráticos había evitado que Calia le indicara a Perseo dónde podía meterse sus disculpas por el desenlace del certamen. Y es que, para colmo, de manera muy poco diplomática, Perseo le había propuesto como si nada que debería plantearse seguir su carrera musical en la corte macedonia. Calia tardó un buen rato en darse cuenta de que era una oferta sincera y no una broma de mal gusto. Perseo se lo había propuesto tan tímidamente, de un modo tan indirecto, que a Calia le costó un poco comprender que al hombre le preocupaba que despreciara su oferta. O sea, que rechazara el trabajo por el que cualquier músico se plantearía seriamente vender a su primogénito. Y es que, encima, la reacción altanera de Calia ante la supuesta «broma» había hecho que el inquieto diplomático doblara el salario propuesto, que ya superaba con creces cualquier cifra con la que Calia hubiera podido soñar jamás. Resulta que Perseo había intentado encontrarla justo después de que la descalificaran, pero ella había abandonado el certamen a toda prisa, y el diplomático se había resignado a marcharse de Grecia sin haber logrado los servicios de aquel talentoso pajarillo cantor... Por suerte, se había producido ese encuentro fortuito en el pórtico del templo, y ahora estaba tan decidido a contratar a Calia como ella a no dejar escapar aquella oportunidad de oro, así que ambos habían pasado de puntillas por las negociaciones finales, temerosos de que el otro se arrepintiera, sin saber que habría hecho falta una apisonadora para que se rompieran.

EL EPITAFIO DE SÍCILO

La canción que aquí se atribuye a la ficticia Calia es una composición auténtica del periodo helenístico. De hecho, se trata de la melodía escrita con notación musical más antigua del mundo, por lo que puede tocarse y cantarse prácticamente igual que lo habría hecho Calia en los Juegos Olímpicos del año 248 a. C. La melodía fue inscrita en la lápida de alguien llamado Sícilo, o Seikilos, aunque no se sabe a ciencia cierta si el nombre se corresponde con la persona sepultada bajo la misma. La canción está dedicada a Euterpe, la musa de la música, y es probable que Sícilo fuera el autor, aunque esto tampoco se sabe con seguridad.

Ahora, mientras contempla cómo se van ocultando lentamente bajo el horizonte las nubes que se ciernen sobre la amenazadora silueta del monte Atos, Calia se despereza con una actitud felina, llena de satisfacción, y canta en voz baja la canción que muy pronto será famosa en toda Grecia:

Mientras vivas, ¡brilla!,
no sufras por nada en absoluto.
La vida dura poco,
y el tiempo exige su tributo.

[Oda de Sícilo a Euterpe, musa de la Música]

La fugitiva

A media mañana, allí donde las colinas comienzan a descender hacia el río, una muchacha contempla el valle desde la cresta de la montaña. Allá abajo, la aldea se muestra tal como la recuerda: el batiburrillo de casas con tejados de paja a través de los cuales se filtra el humo de la chimenea; los campos a la orilla del río, desnudos después de la cosecha; las ovejas dispersas en los prados, tan mullidas como nubecillas de lana... Y la muchacha permanece allí un buen rato, contemplando en silencio ese paisaje que durante tanto tiempo había podido describir con una sola palabra: hogar.

Después, masculla algo entre dientes, dirigiéndose a sí misma, o más bien a aquella niña de otros tiempos, y diciéndole que allí está, su hogar, esa aldea que durante los últimos siete años no ha visto más que en sueños. Las montañas del horizonte son tal como eran, pero Tracia habría jurado que la casa del viejo Ioxdel estaba más cerca del río... Se acuerda de que a menudo iba allí a jugar y de que la mujer del anciano se apresuraba a cogerla porque temía que se cayera al agua.

Solo tiene que descender por ese sendero que tiene delante y, en menos de una hora, se amontonarán a su alrededor los aldeanos tracios, haciéndole preguntas, abrazándola, algunos con lágrimas en los ojos tras haberla reconocido, de vuelta después de todos estos años, como si hubiera regresado de entre los muertos.

Tracia suspira y niega compungida con la cabeza, porque al final no va a bajar hasta el valle. Ha pasado demasiado tiempo y puede que la aldea no haya cambiado demasiado, pero sus habitantes ya no son los mismos. Ahora los campos de su padre los cultivan otros, y está claro que su antigua casa la habitan otras personas... Si bajara a la aldea, nadie sabría qué hacer con ella después de la bienvenida inicial. Se preguntarían qué hacer con esas tierras que deberían ser suyas, y seguramente lo resolverían con un matrimonio, como suelen hacer los ancianos, emparejándola con algún hijo o primo de quienquiera que sea el dueño actual de sus propiedades.

Aunque ni siquiera es por eso por lo que no quiere bajar al valle... Si vuelve a su antiguo hogar, nunca la dejarán marchar, y Tracia ya no es aquella niña del pasado que habría crecido allí y se habría conformado con casarse y tener hijos, con alimentar a las gallinas y tejer mantas con la áspera lana de las asilvestradas ovejas. Ha venido porque se lo prometió a aquella niña de otro tiempo, porque había sido precisamente el convencimiento de que un día haría honor a su palabra lo que le había permitido seguir adelante durante su penosa estancia en Atenas. ¿Cuántas veces había sollozado, hambrienta, tendida sobre la finísima manta que hacía las veces de jergón? Tracia es consciente de que, si ha sobrevivido a todo eso, es porque tenía la absoluta certeza de que un día se alzaría sobre esta cresta en la que ahora se alza y contemplaría su aldea natal allá abajo, a la orilla del río, con las montañas cubriendo el horizonte.

Pero no, no puede regresar. Esa aldea que en otro tiempo había sido todo su mundo ahora sería una jaula para ella, después de haber visto las ciudades insulares del Egeo, el faro de Alejandría y los mercados de Pérgamo. Sación espera su regreso y, cuando el mercader se recupere, van a visitar el zigurat de Babilonia y las rojas paredes esculpidas de Petra, y se adentrarán en el desierto hasta Palmira con las caravanas de camellos que recorren la ruta de los mercaderes. Para bien o para mal, Tracia ya no es aquella niña a la que se llevaron secuestrada de esta aldea años atrás, y nadie podría reconocer en ella a la escuchimizada esclava que se fugó de Atenas. La joven que permanece en pie sobre la cresta de la montaña es Tracia la herbolaria, ciudadana de Alejandría y del mundo entero.

Así que solo ha venido hasta aquí para cumplir la promesa que le hizo hace tantos años a aquella niña del pasado, a cerrar ese capítulo de su vida. Y ahora debe seguir adelante y no volver a mirar atrás.

Tracia no está muy segura de lo que siente. No tiene claro si es alivio y alegría o si las lágrimas son en realidad de pesar, pero sabe muy bien lo que tiene que hacer... Y se da la vuelta, dejando en la cresta a aquella niña de nueve años y caminando sin miedo hacia el futuro.

Créditos de las imágenes

Página 22: Busto votivo de Ptolomeo II, 285-246 a. C. Fondo Charles Edwin Wilbour, 37.37E, Museo de Brooklyn / Creative Commons-BY.

Página 26: akg-images / Erich Lessing.

Página 33: Ánfora panatenaica de terracota, atribuida al Pintor de Eufileto, *c.* 530 a. C. Fondo Rogers, 1914 / Museo de Arte Metropolitano, Nueva York.

Página 36: akg-images / Hervé Champollion.

Página 41: Relieve de un decreto que muestra a Atenea, finales del siglo v a. C. Museo de Arte Walters, Baltimore / Creative Commons CC0.

Página 51: Sepia Times / Universal Images Group a través de Getty Images.

Página 56: Ilustración de *Trinkschalen und Gefässe des Königlichen Museums zu Berlin und anderer Sammlungen*, volumen I, Eduard Gerhard, 1848.

Página 61: PHGCOM / Wikimedia / Creative Commons CC BY-SA 3.0.

Página 67: Granger / Shutterstock.

Página 76: Escena familiar en el gineceo. Lebeta nupcial ática de figuras rojas al estilo del Pintor de Ariadna, *c.* 430 a. C. Museo Arqueológico Nacional de Atenas / Marsyas / Wikimedia / Creative Commons CC BY-SA 2.5.

Página 82: duncan1890 / istockphoto.

Página 88: Tañedora de lira con cítara (fotografía del autor).
Página 96: irisphoto1 / Shutterstock.
Página 104: Médico tratando a un paciente. Aribalo ático de figuras rojas, *c.* 480-470 a. C. Donativo de Peytel, 1914, Museo del Louvre, París. Fotografía de Marie-Lan Nguyen / Wikimedia / Creative Commons CC BY 3.0.
Página 109: Zzvet / Shutterstock.
Página 116: Preparativos nupciales. Píxide esquifoide de figuras rojas, Grupo de Adrano, Sicilia, *c.* 330-320 a. C. Museo Pushkin, Moscú. Fotografía de shakko / Wikimedia / Creative Commons BY-SA 3.0.
Página 125: Barco mercante de época clásica (fotografía del autor).
Página 128: Escena de simposio. Crátera de campana ática de figuras rojas, Pintor de Nikias, *c.* 420 a. C. Museo Arqueológico Nacional, Madrid. Fotografía de Marie-Lan Nguyen / Wikimedia / Creative Commons CC BY 2.5.
Página 135: DEA / G. Dagli Orti / De Agostini a través de Getty Images.
Página 145: Nejdet Duzen / Shutterstock.
Página 160: DEA Picture Library / De Agostini a través de Getty Images.
Página 167: Amuleto mágico para protegerse de la enfermedad, siglo III d. C. Colección de papirología, P. Mich. Inv. 6666, Biblioteca de la Universidad de Michigan.
Página 185: Science History Images / Alamy Stock Photo.
Página 198: Lécito de terracota atribuido al Pintor de Amasis, *c.* 550-530 a. C. Adquisición, donativo de Walter C. Baker, 1956 / Museo de Arte Metropolitano, Nueva York.
Página 204: Trípode de bronce, principios del siglo VI a. C. Donativo de Klaus G. Perls y su esposa, 1997 / Museo de Arte Metropolitano, Nueva York.
Página 213: Barco mercante de un mosaico portuario (fotografía del autor).
Página 220: DEA Picture Library / De Agostini a través de Getty Images.

Página 233: Musa tañedora de lira, lécito ático de fondo blanco, Pintor de Aquiles, *c.* 440-430 a. C. Colección Estatal de Antigüedades, Múnich. Bibi Saint-Pol / Wikimedia / Creative Commons CC0.

Selección bibliográfica

Burford, A.: «The Builders of the Parthenon», *Greece & Rome*, vol. 10, suplemento: *Parthenos and Parthenon*, 1963, pp. 23-35.

Faulkner, N.: *A Visitor's Guide to the Ancient Olympics*, Yale University Press, edición ilustrada, 2012.

Gabbert, J.: «Piracy in the Early Hellenistic Period: A Career open to Talents», *Greece & Rome*, vol. 33, n.º 2, octubre de 1986, pp. 157-163.

McKenzie, J., *et al.*: *The Architecture of Alexandria and Egypt, c. 300 BC to AD 700,* Yale University Press, 2007.

Miller, S.: *Ancient Greek Athletics*, Yale University Press, 2004.

Newton, C., y Popplewell Pullan, R.: *A History of Discoveries at Halicarnassus, Cnidus and Branchidae*, Cambridge University Press, 2011.

Onno, M., van Nijf, O., y Williamson, C.: «Connecting the Greeks: Festival Networks in the Hellenistic World», actas de *Anchoring Innovation in Antiquity*, 17-20 de diciembre de 2015.

Panagiotakopulu, E., *et al.*: «Natural Insecticides and Insect Repellents in Antiquity: A Review of the Evidence», *Journal of Archaeological Science,* 1995, 22: 705-710.

Pedanio Dioscórides de Anazarbo: *De materia medica*, traducido y editado por Beck, L., Georg Olms Verlag, tercera edición revisada, 2017.

Retief, F., y Cilliers, L.: «Malaria in Graeco-Roman times», *Acta Classica,* 2004, vol. 47, pp. 127-137.

Rotstein, A.: «Mousikoi Agones and the Conceptualization of Genre in Ancient Greece», *Classical Antiquity,* vol. 31, n.º 1, abril de 2012, pp. 92-127.

Vitruvio Polión, Marco: *De architectura*, traducido por Morgan, M., Dover Publications, 1914.

Índice analítico

Índice

Esta obra, publicada por CRÍTICA,
Se acabó de imprimir
en junio de 2024